APLICAÇÃO DA LEI PENAL

Antonio Carlos Santoro Filho

Verlu Editora

Direitos autorais © 2020 Antonio Carlos Santoro Filho

© Antonio Carlos Santoro Filho
© Verlu Editora

Capa, Projeto Gráfico, Diagramação, Edição e Revisão
Verlu Castellano Jacob

Santoro Filho, Antonio Carlos.

Aplicação da Lei Penal/ Antonio Carlos Santoro Filho. 1ª ed. São Paulo: Verlu Editora, 2020.
Edição Digital/Impressa.

Reservada a propriedade literária desta publicação e todos os direitos para Língua Portuguesa para Verlu Castellano Jacob Editora.

Tradução e reprodução proibidas, total ou parcialmente, conforme a Lei n. 9.610, de 19 de fevereiro de 1998.

Verlu Editora.
Rua Vergueiro, n. 3142, cj. 22
CEP – 04101-300 – São Paulo-SP
Site: www.verlueditora.com
e-mail: verlu@verlueditora.com

PREFÁCIO

Este livro é dedicado ao estudo da aplicação da lei penal, disciplinada pelos 12(doze) primeiros artigos do Código Penal.

Destinado a estudantes e operadores do direito, nele são analisadas, sempre à luz da doutrina e da jurisprudência dos Tribunais Superiores, entre outras, as seguintes questões: legalidade; retroatividade benéfica da lei penal; lei excepcional ou temporária; tempo do crime; princípios da lei penal no espaço; territorialidade e exceções; pressupostos para a extradição; pena cumprida no estrangeiro; eficácia da sentença estrangeira; prazos penais e frações não computáveis da pena; a função da Parte Geral do Código Penal.

O Autor

SUMÁRIO

I – PRINCÍPIO DA LEGALIDADE

1. Liberdade e Legalidade
2. Princípio do Ato
3. Legalidade Estrita
4. Legalidade Escrita
5. Anterioridade
6. Taxatividade
7. Normas Penais em Branco
8. Legalidade e Medidas de Segurança

II – LEI PENAL NO TEMPO

1. Irretroatividade
2. Retroatividade Benéfica
   Abolitio Crimininis
   Lex Mitior
3. Lei Excepcional ou Temporária
4. Tempo do Crime
   Colocação do Problema
   Crimes Permanentes, Habituais e Continuados

III – LEI PENAL NO ESPAÇO

1. Princípios da Lei Penal no Espaço
2. Territorialidade no Direito Brasileiro
3. Exceções ao Princípio da Territorialidade
   Princípio da Representação

Imunidades Diplomáticas
Imunidades Parlamentares
4. Lugar do Crime no Direito Penal Brasileiro
5. Extraterritorialidade
Conceito
Extraterritorialidade Incondicionada
Extraterritorialidade Condicionada
Hipóteses
Condições
Extradição
6. Pena Cumprida no Estrangeiro
7. Eficácia da Sentença Estrangeira
Pressupostos e Homologação
Hipóteses e Efeitos

IV – PRAZOS PENAIS

V – FRAÇÕES NÃO COMPUTÁVEIS DA PENA

VI - A FUNÇÃO DA PARTE GERAL

BIBLIOGRAFIA

I – PRINCÍPIO DA LEGALIDADE

Anterioridade da lei

Art. 1º :

"Não há crime sem lei anterior que o defina. Não há pena sem prévia cominação legal."

1. Liberdade e Legalidade

A Liberdade, sob um primeiro plano, consiste nas possibilidades de escolhas garantidas aos cidadãos – as denominadas liberdades públicas[1] -, que, apesar de limitadas, devem ser sempre observadas – em algum grau, nos termos da lei - e constituem defesas contra o poder estatal.

Neste sentido, como sustenta Nicola Abbagnano, embora no mundo moderno a liberdade seja uma questão de medida, de condições e de limites, representa, para os cidadãos, a "possibilidade de escolher sempre.

Um tipo de governo não é livre simplesmente por ter sido escolhido pelos cidadãos, mas se, em certos limites, permitir que os cidadãos exerçam contínua possibilidade de escolha, no sentido da possibilidade de mantê-lo, modificá-lo ou eliminá-lo.

As chamadas instituições estratégicas da liberdade [liberdades públicas], como a liberdade de pensamento, de consciência, de imprensa, de reunião, etc., têm como objetivo de garantir aos cidadãos a possibilidade de escolha no domínio científico, religioso, político, social, etc.

Portanto, os problemas da liberdade no mundo moderno não

podem ser resolvidos por fórmulas simples e totalitárias (como seriam as sugeridas pelos conceitos anárquicos ou necessaristas), mas pelo estudo dos limites e das condições que, num campo e numa situação determinada, podem tornar efetiva e eficaz a possibilidade de escolha do homem".[2]

O limite à liberdade, no Estado democrático de Direito, somente pode ser imposto pela Lei.

Luiz Moreira, a nosso ver de forma correta, ensina que "o legislador, usando do meio de organização que é o Direito, ordena situações sociais. E é através da positividade que tais ordenações são traduzidas.

A legalidade possibilita aos sujeitos de direito um alívio em relação às decisões éticas a serem tomadas, uma vez que os modos de comportamento são expressos através das leis; ou seja, as inclinações privadas são protegidas pelos limites estabelecidos em lei, através da sanção sobre comportamentos desviantes, por conseguinte, sobre aqueles comportamentos que se afastam da conduta tida como lícita.

Assim, o Direito moderno introduziu as categorias de responsabilidade e de culpa".[3]

Embora se sustente, por vezes, que o princípio da legalidade encontra as suas origens ainda na época medieval, especialmente no direito ibérico e na magna carta inglesa de 1215, indubitavelmente deve-se ao iluminismo a sua conquista como princípio universal.

Com efeito, o iluminismo, como movimento reformador do Estado, em reação ao absolutismo político, que submetia os súditos ao império da vontade do monarca, pugnou pela limitação do poder em benefício da autonomia do indivíduo, da liberdade[4].

O liberalismo político, portanto, como sustenta Roxin, constituiu o momento historicamente mais importante para o assentamento do princípio da legalidade, pois "tornou possível uma limitação do poder punitivo [e, especialmente, impositivo] do Estado e, com isto, a segurança da liberdade individual".[5]

Em nosso ordenamento jurídico, o princípio da legalidade em sentido amplo encontra-se previsto pelo art. 5º, inciso II, da Constituição Federal, o qual dispõe que "ninguém será obrigado a fazer ou deixar de fazer alguma coisa senão em virtude de lei".[6]

Mediante este princípio, subordina-se toda a atividade estatal ao império da lei, de forma que a intervenção pública nas relações humanas e na regulação dos valores sociais somente pode realizar-se de acordo com os processos de criação de normas constitucionalmente estabelecidos.

Neste sentido, pode-se afirmar que em todos os ramos da vida social, ao indivíduo, como decorrência do princípio da legalidade, não pode ser imposta qualquer conduta (ação ou omissão), se não estiver a providência determinativa do Estado fundamentada, adequada ao modelo trazido pela norma legal.

A imposição não motivada, ainda que reflexamente na lei, constituirá constrangimento ilegal do Poder Público contra a pessoa, passível de correção por remédios constitucionais, como o mandado de segurança e o *habeas corpus*.

O princípio, portanto - como anota Nagib Slaib Filho -, tem dois prismas: "para o Estado, a legalidade, isto é, somente estará autorizado a agir quando incidente a hipótese legal; para o indivíduo, a legalitariedade ou liberdade, consistente em poder fazer tudo o que a lei não proíbe".[7]

Neste sentido já decidiu o STF:

"O princípio da reserva de lei atua como expressiva limitação constitucional ao poder do Estado, cuja competência regulamentar, por tal razão, não se reveste de suficiente idoneidade jurídica que lhe permita restringir direitos ou criar obrigações.

Nenhum ato regulamentar pode criar obrigações ou restringir direitos, sob pena de incidir em domínio constitucionalmente reservado ao âmbito de atuação material da lei em sentido formal. [AC 1.033 AgR-QO, rel. min. Celso de Mello, j. 25-5-2006, P, DJ de 16-6-2006.]

No que se refere ao direito penal, preferiu o legislador constituinte *especializar* o princípio da legalidade[8], ao dispor, no inciso XXXIX, do mesmo art. 5º, da Constituição Federal:

"não há crime sem lei anterior que o defina, nem pena sem prévia cominação legal"

Esta norma constitucional foi repetida pelo legislador ordinário no art. 1º, do Código Penal, constituindo, assim, um princípio orientador de toda a legislação penal brasileira.

A função precípua da legalidade penal - como sustenta Maurício Antonio Ribeiro Lopes - pode ser definida como uma garantia dada ao homem contra o Estado[9].

Logo, tem a natureza jurídica de uma garantia constitucional, instituída para a preservação da liberdade de agir do ser humano.

Mediante este princípio constitucional, assegura-se a certeza da ordem e da igualdade jurídica[10], bem como o exercício legítimo e motivado do poder, repelindo-se o arbítrio e o abuso da atividade pública, entendida esta última em seu sentido amplo.

Como especialização da legalidade geral e fundamento do direito penal moderno, a legalidade penal também encerra uma noção de garantia dos direitos do indivíduo contra o Estado.

Tratando-se o direito penal, todavia, do último instrumento de controle social, com sérias consequências no plano da liberdade individual, possui o princípio da legalidade nesta matéria uma maior amplitude, que se consubstancia em seus princípios decorrentes, que a seguir analisaremos.

2. Princípio do Ato

O aspecto objetivo da responsabilidade pessoal, ou, como preferimos, *princípio do ato*, impõe que responda o indivíduo, perante a lei penal, não pelo que é, mas pelo que fez – ações ou omissões.

O fundamento constitucional deste princípio encontra-se no próprio princípio da *legalidade geral*, que dispõe como objeto da lei a regulação de *ações ou omissões*, o fazer ou deixar de fazer alguma coisa (Constituição Federal, art. 5º, inciso II).

A lei, para a pessoa, somente pode obrigar à realização ou não de certo ato, a *fazer* (no sentido amplo) algo, e não a *ser* de algum modo.

Tanto é assim que a Constituição Federal, entre os direitos individuais, garante a inviolabilidade da liberdade de consciência e de crença (art. 5º, inciso VI), de convicção filosófica (art. 5º, inciso VIII), da intimidade e da vida privada das pessoas (art. 5º, inciso X), com o que afasta, por completo, a possibilidade de incriminação ou apenamento pela conduta de vida ou por determinada manifestação - não lesiva - da personalidade.

A responsabilidade penal, portanto, pressupõe, como decorrência do princípio da legalidade, uma *ação ou omissão da pessoa*, e não um simples estado de perigosidade social.

A ação humana é o primeiro elemento do conceito analítico de delito, pois todo crime pressupõe um comportamento humano contrário ao Direito (ilícito), na medida em que a sensibilidade do direito penal a lesões fisicamente derivadas de animais ou de coisas (fatos jurídicos em sentido estrito) é nula[11].

O objeto das normas penais é, efetivamente, como sustenta Hans Welzel, o comportamento humano[12].

Inexiste crime sem conduta, como resta claro da leitura do art. 13, *caput*, do Código Penal[13].

O Direito não se importa com a "maldade" ou "bondade" – intrínseca - do homem. O único campo de atuação do Direito é o do "comportamento humano".

Os sentimentos, assim, *apenas quando ligados* aos comportamentos podem ter relevância.

O Direito, desse modo, não pretende moldar moralmente o homem, transformá-lo verdadeiramente. Basta-lhe, para ser considerado eficiente, que logre alterar – ou evitar – as condutas humanas socialmente desajustadas e modificar – ou controlar – os indivíduos no que se refere às suas condutas para com os demais.

Para o Direito, portanto, não importa se o homem, em seu plano interno, no seu "querer", na sua imaginação e pensamentos seja, por exemplo, um "homicida".

O que lhe interessa – e essa é a sua função precípua – é que tais pensamentos ou "vontades" não se concretizem de fato; e, se se concretizarem, a sanção terá por finalidade ressaltar que o "bem jurídico", o valor atingido continua a manter a sua posição de significação social relevante.

Logo, o que se passa *somente* no mundo interior de cada ser humano, o que está reservado ao âmbito da alma ou do espírito e não se reflete nas relações sociais, não é atingido pelo Direito – que não é apto e nem pretende intervenção desta natureza.[14]

Como já sustentava Samuel Pufendorf, lembrado por Artur Kaufmann, os deveres para com Deus e para com a bondade só interessam, respectivamente, à religião e à moral.

Os deveres jurídicos, por sua vez, que resultam da razão, o são para com a sociedade e independem da religião e da moral.[15]

O princípio do ato, portanto, constitui o primeiro corolário do princípio da legalidade e exige que o crime tenha por *conteúdo* determinada *conduta*, e não o *caráter* do homem ou a sua *periculosidade latente*.

3. Legalidade Estrita

Como segundo desdobramento do princípio da legalidade em matéria penal temos a indispensabilidade da *lei em sentido estrito*, formal, para a criação de delitos, formulação ou agravamento de penas.

Diante deste postulado, somente poderá o Estado elaborar uma espécie de delito ou de sanção por meio de *lei*, seguindo-se o processo legislativo adequado.

Veda-se, deste modo, qualquer outra forma de nascimento de hipótese delitiva ou sancionatória penal, não se admitindo, assim, que se realize por medidas provisórias ou decretos do Poder Executivo, ou ainda pela interpretação e criação judicial.

A razão desta limitação encontra-se nos fundamentos constitucionais da soberania e da cidadania, e no princípio da divisão de Poderes, essencial à democracia.

Isto porque - como sustenta Roxin[16] - "a aplicação da pena representa tal ingerência na liberdade do cidadão, que a legitimação para determinar seus pressupostos somente pode residir na instância que representa o povo como titular do poder do Estado: o parlamento como corpo legislativo eleito".

Com efeito, somente o Poder eleito pelo povo para elaborar e modificar o ordenamento jurídico, de forma permanente, tem *legitimidade* para extrair, das relações sociais, os bens jurídicos de maior relevância e elaborar, a partir destes, os delitos e as sanções aplicáveis às condutas danosas intoleráveis.

Os Poderes Executivo e Judiciário, dadas as suas funções, não possuem competência e nem legitimidade para tanto.

O Supremo Tribunal Federal reiteradamente em seus julgados tem afirmado o caráter fundamental da legalidade *estrita*, formal:

"Não pode o julgador, por analogia, estabelecer sanção sem previsão legal, ainda que para beneficiar o réu, ao argumento de que o legislador deveria ter disciplinado a situação de outra forma". [**HC 92.626**, rel. min. Ricardo Lewandowski, j. 25-3-2008, 1ª T, *DJE* de 2-5-2008.] = **HC 92.399**, rel. min. Ayres Britto, j. 29-6-2010, 1ª T, *DJE* de 27-8-2010

"Em matéria penal, prevalece o dogma da reserva constitucional de lei em sentido formal, pois a Constituição da República somente admite a lei interna como única fonte formal e direta de regras de direito penal, a significar, portanto, que as cláusulas de tipificação e de cominação penais, para efeito de repressão estatal, subsumem-se ao âmbito das normas domésticas de direito penal incriminador, regendo-se, em consequência, pelo postulado da reserva de Parlamento. (...) As convenções internacionais, como a Convenção de Palermo, não se qualificam, constitucionalmente, como fonte formal direta legitimadora da regulação normativa concernente à tipificação de crimes e à cominação de sanções penais". [RHC 121.835 AgR, rel. min. Celso de Mello, j. 13-10-2015, 2ª T, *DJE* de 23-11-2015.]

"A tipicidade penal não pode ser percebida como o trivial exercício de adequação do fato concreto à norma abstrata. Além da correspondência formal, para a configuração da tipicidade, é necessária uma análise materialmente valorativa das circunstâncias do caso concreto, no sentido de se verificar a ocorrência de alguma lesão grave, contundente e penalmente relevante do bem jurídico tutelado". [HC 97.772, rel. min. Cármen Lúcia, j. 3-11-2009, 1ª T, *DJE* de 20-11-2009.] Vide HC 92.411, rel. min. Ayres Britto, j. 12-2-2008, 1ª T, *DJE* de 9-5-2008

Por isso pareceu-nos absolutamente equivocado – e perigoso – o julgamento da Ação Direta de Inconstitucionalidade por Omissão (ADO) 26, e do Mandado de Injunção (MI) 4733 pelo STF, que concluiu pela adequação da homofobia e da transfobia aos tipos penais definidos na Lei do Racismo (Lei 7.716/1989), até que o Congresso Nacional edite lei sobre a matéria, mediante *extensão* judicial do tipo que não abarca as situações apreciadas, em verdadeiro raciocínio por analogia – que, como veremos, é vedada em prejuízo ao réu.

De fato, a leitura do art. 1º da Lei n. 7.716/89 ("Serão punidos, na forma desta Lei, os crimes resultantes de discriminação ou preconceito de raça, cor, etnia, religião ou procedência nacional"), não permite, em exercício de interpretação extensiva – admitida pelo Direito -, abarcar entre as condutas tipificadas a *homofobia* e a *transfobia*, de forma que forçosa a conclusão de que o STF, embora pautado pela preservação da dignidade humana e do direito à diferença – o que viabilizaria o reconhecimento da mora legislativa e *orientaria* a formulação de legislação penal a respeito *pelo Congresso Nacional* -, acabou por acolher, em contrariedade à sua jurisprudência pacífica – e sem o reconhecimento expresso nesse sentido, pois, em verdadeiro sofisma, para superar o princípio da legalidade, recorreu ao impreciso conceito de "racismo social", também não tipificado -, ainda que excepcionalmente, violação ao princípio da reserva legal.

Nesse sentido, aliás, o voto vencido do Ministro Ricardo Lewandowski, ao qual aderimos: "A extensão do tipo penal para abarcar situações não especificamente tipificadas pela norma penal incriminadora parece-me atentar contra o princípio da reserva legal, que constitui uma fundamental garantia dos cidadãos, que promove a segurança jurídica de todos".

4. Legalidade Escrita

A segunda consequência do princípio da legalidade consiste na impossibilidade de criação de delitos e de penas, ou de agravação destas, pelo Direito consuetudinário, isto é, os costumes.

Conforme ensinamento do saudoso professor Damásio E. de Jesus[17], os costumes representam o conjunto de normas de comportamento obedecidas de maneira uniforme e constante, em virtude da conscientização coletiva de sua obrigatoriedade.

Trata-se, portanto, da reiteração constante e uniforme de uma regra de conduta, com a convicção de sua necessidade jurídica[18].

Além de não servirem de fonte imediata do direito criminal, de criação de espécies de crimes e de penas, os costumes também não se prestam a revogar leis penais incriminadoras ou sancionatórias, pois - como ensina Assis Toledo - a simples omissão e tolerância indevidas de algumas autoridades em reprimir determinados delitos não basta para revogar, pelo desuso, a norma penal.[19]

Esta tem sido, também, a posição adotada pelo Supremo Tribunal Federal:

"HABEAS CORPUS. CONSTITUCIONAL. PROCESSUAL PENAL. CASA DE PROSTITUIÇÃO. APLICAÇÃO DOS PRINCÍPIOS DA FRAGMENTARIEDADE E DA ADEQUAÇÃO SOCIAL: IMPOSSIBILIDADE. CONDUTA TÍPICA. CONSTRANGIMENTO NÃO CONFIGURADO. (...) 2. Quanto à aplicação do princípio da adequação social, esse, por si só, não tem o condão de revogar tipos penais. Nos termos do art. 2º da Lei de Introdução às Normas do Direito Brasileiro (com alteração da Lei n. 12.376/2010), "não se destinando à vigência temporária, a lei terá vigor até que outra a modifique ou revogue". 3. Mesmo que a conduta imputada aos Pacientes fizesse parte dos costumes ou fosse socialmente aceita, isso não seria suficiente para revogar a lei penal em vigor. 4. Habeas corpus denegado". (HC 104467, Relator(a): Min. CÁRMEN LÚCIA, Primeira Turma, julgado em 08/02/2011, DJe-044 DIVULG 04-03-2011 PUBLIC 09-03-2011 EMENT VOL-02477-01 PP-00057).

"PENAL E PROCESSUAL PENAL. HABEAS CORPUS. CRIME DE VIOLAÇÃO DE DIREITO AUTORAL. VENDA DE CD'S "PIRATAS". ALEGAÇÃO DE ATIPICIDADE DA CONDUTA POR FORÇA DO PRINCÍPIO DA ADEQUAÇÃO SOCIAL. IMPROCEDÊNCIA. NORMA INCRIMINADORA EM PLENA VIGÊNCIA. ORDEM DENEGADA". (HC 98898, Relator(a): Min. RICARDO LEWANDOWSKI, Primeira Turma, julgado em 20/04/2010, DJe-091 DIVULG 20-05-2010 PUBLIC 21-05-2010 EMENT VOL-02402-04 PP-00778 RSJADV jun., 2010, p. 47-50 RT v. 99, n. 901, 2010, p. 513-518)

Isto não significa, entretanto, que os costumes não possuam relevância em matéria criminal.

Ao contrário, a sua função integradora e interpretativa é essencial ao conhecimento e ao juízo de subsunção de condutas a determinadas espécies de crimes.

De fato, na descrição de delitos, não raramente utiliza-se o legislador, além de elementos de pura verificação pelos sentidos – elementos *descritivos* -, de outros, denominados *normativos*, que necessitam, para a sua real compreensão, de um profundo juízo de valoração jurídico-penal.

Os elementos normativos culturais, nos quais se inserem os costumes como critério de interpretação, são os que exigem uma real valoração por parte do intérprete, que deve conferir-lhes o próprio e adequado sentido à análise do crime.

Resultam da experiência ética do povo e devem ser interpretados de acordo com essa ética e com o momento histórico vivido.

Sofrem, por isso, uma evolução constante, devendo o julgador estar atento a estas modificações para realizar a valoração de acordo com os padrões, costumes vigentes.

Karl Engisch, ao discorrer sobre estes elementos, assenta que a função dos conceitos normativos, em boa parte, é permanecer abertos às mudanças de valorações.

O órgão aplicador do direito tem de averiguar quais são as concepções éticas efetivamente vigentes, sendo a sua própria valoração do caso apenas um elo na série de muitas valorações igualmente legítimas.

A valoração própria, portanto, constitui *apenas uma parte do conhecimento*, e não o último critério deste[20].

São exemplos de elementos normativos culturais os conceitos "obsceno", do delito "ato obsceno" (art. 233, do Código Penal); "libidinoso" (art. 213, do mesmo diploma legal); e "artifício", no estelionato (art. 171, do Código Penal).

Para a compreensão destes conceitos, deve o julgador realizar um juízo de valor profundo, apreendendo, da ética e dos costumes vigentes, as suas reais significações.

Com efeito, um beijo apaixonado em praça pública - que poderia, na década de quarenta do século XX, ser considerado um ato ofensivo ao pudor público e, portanto, obsceno - não passa, na atualidade, de algo inserido na normalidade social, impunível, portanto, em razão do crime de ato obsceno.

Da mesma forma, face à evolução dos costumes, não se equivalem os conceitos de "ato libidinoso", vigentes há 50 anos e na atualidade.

Assim, para concluirmos, podemos afirmar que os costumes não podem ser tomados para criar delitos e penas, para agravar as sanções aplicáveis ou para revogar normas penais, embora representem, por se tratar o direito penal de uma *ciência dinâmica*, dados relevantes para a *interpretação* de determinadas espécies de delitos.

5. Anterioridade

A anterioridade da lei penal possui, em nosso ordenamento jurídico, relevância constitucional, pois prevista pelo art. 5º, incisos XXXIX, da Constituição Federal, que dispõe:

"não há crime sem lei anterior que o defina, nem pena sem prévia cominação legal."

Deste dispositivo depreende-se que, para a criminalização e penalização de uma conduta, não basta a existência de uma *lei*, devendo esta ser **existente, válida e eficaz** em **momento anterior ao comportamento**[21].

Às leis penais, assim, concede-se apenas a possibilidade de incriminar e sancionar *condutas posteriores*.

Esta interpretação, ainda que não fosse expressa a exigência de lei anterior pela Constituição Federal e Código Penal, seria consequência lógica do princípio da legalidade em sentido amplo, pois ninguém é obrigado a abster-se de uma ação, senão em virtude de lei, que, logicamente, deve existir ao menos no momento anterior à prática da conduta.

6. Taxatividade

A taxatividade, que preferimos denominar de ***princípio da tipicidade***, implica que, para ser plenamente atendido o princípio da legalidade, não basta a existência de uma lei incriminadora em sentido vago, devendo o legislador, na previsão de delitos, determiná-los por meio de tipos penais, descrevendo-os de modo certo e inconfundível[22].

Como ressaltado por Reale Jr.[23], a tipicidade revela "a elaboração científica e técnica do princípio *nullum crime sine lege*, exercendo de forma mais segura a função de garantia".

O tipo constitui o modelo legal de comportamento no qual estão inseridas determinadas características, que tornam a conduta relevante em matéria penal.

Admitida a tipicidade como exigência da legalidade penal, conclui-se que em matéria criminal não pode o legislador utilizar-se de fórmulas genéricas, que não permitam ao destinatário da lei o pleno conhecimento da matéria de proibição.

Assim, vedada está, por exemplo, no âmbito penal, a incriminação de condutas lesivas ao patrimônio por meio de previsão semelhante ao disposto no art. 186, do Código Civil.[24]

Com efeito, ao legislador penal não é permitido traduzir em lei que comete crime todo aquele que, por ação ou omissão voluntária, negligência ou imprudência, viole direito ou cause prejuízo a outrem, ficando sujeito às sanções previstas, pois tal formulação contraria a finalidade do princípio da legalidade, isto é, garantir o indivíduo contra a ingerência indiscriminada do Estado.

Para proteger o valor patrimônio, ou qualquer outro, a lei deve valer-se da tipicidade penal, dos modelos de condutas que constituem as mais graves violações aos bens jurídicos selecionados e que são intoleráveis ao convívio social ordenado.

Logo, são tipificadas, de forma precisa, condutas como o furto (art. 155, do Código Penal), o roubo (art. 157, do Código Penal), o dano (art. 163, do Código Penal) e o estelionato (art. 171, do Código Penal); para a caracterização da tipicidade, indispensável é a subsunção da conduta a todos os elementos previstos no modelo abstrato.

De igual modo, não pode o legislador penal dispor em lei que constitui crime dos funcionários [servidores] públicos contra a Administração Pública, qualquer conduta que viole os deveres impostos nos respectivos estatutos.

Embora a violação constitua, em regra, uma infração disciplinar, apenas as mais graves, previstas por tipos de injusto – como, por exemplo, a corrupção passiva (art. 317, do Código Penal) e a prevaricação (art. 319, do Código Penal) - estarão carregadas de ilicitude penal. Neste sentido:

RECURSO ESPECIAL. PENAL E PROCESSUAL PENAL. FRAUDE EM LICITAÇÃO. ART. 96 DA LEI N. 8.666/1993. PRESTAÇÃO DE SERVIÇOS. CONDUTA NÃO PREVISTA NO TIPO PENAL. PRINCÍPIO DA TAXATIVIDADE. INTERPRETAÇÃO EXTENSIVA EM PREJUÍZO DO RÉU. IMPOSSIBILIDADE. RECURSO ESPECIAL DESPROVIDO.

1. O art. 96 da Lei n. 8.666/1993 apresenta hipóteses estreitas de penalidade, entre as quais não se encontra a fraude na licitação para fins de contratação de serviços.

2. Considerando-se que o Direito Penal deve obediência ao princípio da taxatividade, não pode haver interpretação extensiva de determinado tipo penal em prejuízo do réu.

3. Recurso especial desprovido. (STJ - REsp 1407255/SC, Rel. Ministro JOEL ILAN PACIORNIK, QUINTA TURMA, julgado em 21/08/2018, DJe 29/08/2018)

EMENTA DENÚNCIA. PECULATO. ART. 312 DO CÓDIGO PENAL. PRELIMINAR DE NULIDADE DAS PROVAS COLHIDAS EM INQUÉRITO CIVIL. PRELIMINAR REJEITADA. CONDUTA ATÍPICA. REJEIÇÃO DA DENÚNCIA. A utilização dos serviços custeados pelo erário por funcionário público no seu interesse particular não é conduta típica de peculato (art. 312, do Código Penal), em razão do princípio da taxatividade (art. 5º, XXXIX, da Constituição da República). Tipo que exige apropriação ou desvio de dinheiro, valor ou outro bem móvel, o que na hipótese não ocorre. Diferença entre usar funcionário público em atividade privada e usar a Administração Pública para pagar salário de empregado particular, o que configura peculato. Caso concreto que se amolda à primeira hipótese, conduta reprovável, porém atípica. Denúncia rejeitada.(STF - Inq 3776, Relator(a): ROSA WEBER, Primeira Turma, julgado em 07/10/2014, ACÓRDÃO ELETRÔNICO DJe-216 DIVULG 03-11-2014 PUBLIC 04-11-2014)

Valendo-nos novamente das lições de Pietro Nuvolone: "Realmente, a forma mais fácil de evitar o princípio da legalidade é recorrer a normas legislativas, de tal forma elásticas, que permitam uma pluralidade indiscriminada de interpretações, praticamente transformando o juiz em árbitro - de acordo com as suas próprias convicções -, das mais variadas aplicações da lei, inevitavelmente diferentes de caso para caso. O preceito deve ser, é óbvio, formulado de modo geral e abstrato, cabendo necessariamente ao juiz a tarefa de adaptá-lo ao caso concreto; nesse sentido, a indeterminação é exigência insuprimível. Mas o que não se pode admitir é a indeterminação que já opera a nível de preceito geral e abstrato, e não em relação ao caso concreto: de modo a não se poder estabelecer *a priori* o que é comandado ou vedado, abrindo-se caminho para um direito judiciário"[25].

A segunda implicação do princípio da tipicidade é a vedação da analogia em matéria penal no tocante à criminalização de condutas e imposição de penas.

A analogia consiste em estender a uma hipótese particular *semelhante* as conclusões postas pela observação de um caso correlato ou afim, em um raciocínio por similitude[26]. Trata-se, portanto, de uma operação mental de aplicação de um dispositivo legal a um fato *não regulado* pelo legislador, que possua, contudo, circunstâncias de coincidência com a situação regulada.

Diante da vedação à analogia, não pode o julgador, por exemplo, aplicar as penas previstas no art. 155 do Código Penal (furto) àquele que subtrai coisa de outrem apenas para utilizá-la, devolvendo-a ao local de origem, nas mesmas condições.

Isto porque, para a configuração do crime de furto, indispensável que a subtração seja "para si ou para outrem", isto é, que a coisa saia do patrimônio do dono, sendo deslocada ao do furtador ou de terceiro.

A subtração para mera utilização temporária, "furto de uso", não encontra adequação à norma incriminadora, que não pode, portanto, ser aplicada a este comportamento pela analogia.

A vedação da analogia, contudo, refere-se apenas aos preceitos incriminadores e punitivos, não se impondo às normas favoráveis ao sujeito, como as excludentes de crime e as atenuantes.

A analogia *in bonam partem* é admitida pela maioria da doutrina e da jurisprudência, pois não há, em relação a esta, as restrições e objeções imputadas à analogia *in malam partem*.

De fato, a extensão das causas excludentes do crime e atenuantes de pena[27], antes de constituir uma ameaça à segurança jurídica proporcionada pelo ordenamento penal, representa a realização de *justiça*, pois permite que o sujeito beneficie-se de circunstâncias já expressamente reconhecidas pelo legislador como justificantes de determinados comportamentos ou caracterizadoras de uma necessidade de menor pena.

Assim, a nosso ver, pela aplicação da analogia *in bonam partem*, a isenção de pena prevista ao cônjuge que auxilia o autor de crime a subtrair-se à ação de autoridade pública (art. 348, § 2º, do Código Penal) deve ser estendida ao companheiro ou companheira do sujeito ativo do delito, que com ele viva em união estável, pois as razões que determinaram a não incidência da sanção – afetividade, sentimento familiar – estão igualmente presentes na hipótese não expressamente prevista pelo legislador.

Contrária ao princípio da legalidade, portanto, é apenas a analogia *in malam partem*, que, desse modo, encontra-se proscrita do nosso ordenamento jurídico.

A analogia, contudo, não se confunde com a interpretação analógica ou extensiva, pois nesta o legislador, efetivamente, quis compreender a conduta não expressamente descrita.

Por "interpretação analógica" entende-se a utilização, pela lei, de expressões nas quais se encerram todos os comportamentos desvalorados no momento da elaboração da norma penal, tais como "outro meio fraudulento", no estelionato (art. 171, do Código Penal), e "qualquer outra causa", constante do art. 217-A, § 1º, do Código Penal.

A interpretação analógica *não é* vedada no direito penal, pois seria impossível ao legislador descrever todas as hipóteses da norma penal incriminadora.

A distinção entre analogia e interpretação analógica - como sustenta Damásio[28] - consiste em que: "Na primeira, não é vontade da lei abranger os casos semelhantes; na segunda, a própria lei, após definir a fórmula casuística, menciona os casos que devem ser compreendidos por semelhança (...) É, pois, da vontade da lei abranger os casos semelhantes".

No mesmo sentido Gimbernat Ordeig: "A interpretação analógica se apresenta quando, para solucionar as dúvidas sobre o alcance de uma norma penal, recorremos à comparação com normas que regulam casos similares. O resultado da interpretação analógica não pode estar nunca em contradição com o sentido literal possível", ou seja, o caso concreto deve caber "perfeitamente dentro das palavras empregadas pela lei".[29]

Em termos próximos o posicionamento de José Miguel Zugaldía Espinar: "A interpretação extensiva das leis penais é perfeitamente lícita e compatível com o princípio da legalidade penal, já que a mesma comporta a aplicação mais ampla possível da lei, porém até onde o consente e o permite um sentido literal possível do texto da lei".[30]

7. Normas Penais em Branco

Questão correntemente colocada é se, diante das exigências impostas pelo princípio da legalidade, podem ser admitidas no ordenamento jurídico-penal normas penais em branco.

Normas penais em branco próprias[31] - ou como entendemos mais adequado, tipos penais em branco - são aquelas que possuem um vazio em seu conteúdo, cuja compreensão fica delegada a uma norma complementar de natureza regulamentar.

Assim é, por exemplo, o tipo de omissão de notificação de doença, previsto pelo art. 269, do Código Penal, cujo juízo de subsunção do comportamento depende da verificação, em regulamentos expedidos pelo Ministério da Saúde, sobre a obrigatoriedade, ou não, da notificação da doença constatada.

Também os tipos penais da "lei de tóxicos" apresentam-se como "em branco", pois são consideradas entorpecentes as substâncias assim especificadas pelo Serviço Nacional de Fiscalização de Medicina e Farmácia, em ato administrativo próprio.

A nosso ver os tipos penais em branco não constituem, em regra, violação ao princípio da legalidade, pois as normas complementares, como já dito, têm natureza meramente regulamentar; não criam hipóteses delitivas, preceitos sancionadores, já previstos em lei, mas apenas os especificam.

Além disso, as normas complementares são, no mais das vezes, fruto de divisão de competência estabelecida pela própria Constituição Federal, ou necessidades técnicas, não havendo, assim, que se falar em inconstitucionalidade dessas modalidades típicas.

Se ultrapassada esta concessão meramente regulamentar, contudo, conferindo-se a outro Poder, que não o Legislativo, a faculdade de criar hipóteses de delitos, estará a norma, fatalmente, eivada de nulidade, pois contrária aos requisitos da legalidade estrita e da taxatividade.

Há de se observar, ainda, nos tipos penais em branco, a *anterioridade* da disposição *complementar*, sob pena de violação ao princípio da legalidade:

CONGELAMENTO DE PREÇOS ESTATUIDO NO ART. 36 DO DECRETO-LEI N. 2.283/86. SUA INFRAÇÃO NÃO E ASSIMILAVEL AO CRIME PREVISTO NO ART. 2., VI, DA LEI N. 1.521/51, ANTES DO ADVENTO DO DECRETO-LEI N. 2284/86, CUJO ART. 35 EQUIPAROU, PARA EFEITOS PENAIS, O CONGELAMENTO AO TABELAMENTO. PRINCÍPIO DA ANTERIORIDADE DA NORMA PENAL. NÃO INTEGRA A NORMA PENAL EM BRANCO DISPOSIÇÃO LEGISLATIVA AUTONOMA, CUJO COMANDO E UNIVERSAL E O ESCOPO E A CRIAÇÃO DE NOVO PADRAO MONETARIO, SEM EXPRESSA PROVISAO DE EFEITOS CRIMINAIS. TRANCAMENTO DA AÇÃO PENAL POR FALTA DE JUSTA CAUSA. RHC PROVIDO. (STF - RHC 64282, Relator(a): CELIO BORJA, Segunda Turma, julgado em 04/11/1986, DJ 05-12-1986 PP-24080 EMENT VOL-01444-01 PP-00104)

8. Legalidade e Medidas de Segurança

São as medidas de segurança providências privativas ou restritivas da liberdade da pessoa, inimputável ou "semi-imputável", autora de um fato penal e objetivamente típico, impostas pelo Estado-juiz, que têm um caráter eminentemente curativo, assistencial e preventivo-especial.

Com a reforma da Parte Geral do Código Penal de 1984, que adotou o sistema vicariante (impossibilidade de aplicação cumulativa de penas e medidas de segurança ou imposição destas últimas aos imputáveis), em substituição ao sistema do duplo binário (viabilidade da cumulação), não pode mais ser interpretada como penal, pelo menos em um sentido *material*, a natureza jurídica das medidas de segurança.

Isto porque - sem embargo do entendimento contrário - não têm elas caráter sancionatório, não derivam da culpabilidade do agente, não observam qualquer proporcionalidade em relação à gravidade do fato praticado – mas sim em relação à periculosidade do indivíduo – e não implicam absolutamente qualquer efeito preventivo-geral.

Além disso, como sustentam Zaffaroni e Pierangelli: "Não se pode considerar penal um tratamento médico e nem mesmo a custódia psiquiátrica. Sua natureza nada tem a ver com a pena, que desta se diferencia por seus objetivos e meios. Mas as leis penais impõem um controle formalmente penal (...)".[32]

Possuem as medidas de segurança, assim, natureza dúplice: formalmente caracterizam-se como institutos do sistema punitivo, por serem aplicadas e controladas pelo juiz penal, e em virtude de necessitarem, para a sua imposição, da ocorrência de uma conduta objetivamente definida como crime; materialmente, entretanto, não se vislumbra este caráter penal, pois não podem ser caracterizadas como sanções[33], não possuem prazos máximos de duração[34] e têm finalidade substancialmente curativa e assistencial. Materialmente, dessa forma, são as medidas de segurança institutos de natureza *essencialmente administrativa*.

Diante desta colocação, de se questionar: o princípio da legalidade dos crimes e das penas é aplicável, também, às medidas de segurança?

Em relação à necessidade de lei em sentido estrito, de não cabimento dos costumes para a sua formulação e da taxatividade, não há dúvida a respeito de sua incidência.

O mesmo não se pode dizer, contudo, com referência à anterioridade, em que pese as respeitáveis posições de parcela significante da doutrina em sentido oposto.

Isto porque, ao contrário do regime anterior, não têm mais as medidas de segurança, como já afirmamos, caráter punitivo, mas meramente curativo, de prevenção quanto à periculosidade dos inimputáveis e "semi-imputáveis".

Logo, não se trata de *gravidade de sanção*, mas do tratamento mais adequado[35], que, portanto, deve ser reputado sempre mais benéfico ao seu sujeito passivo.

Como afirma Assis Toledo: "em relação às medidas, de caráter puramente assistencial ou curativo, estabelecidas em leis para os inimputáveis, parece-nos evidentemente correta a afirmação de sua aplicabilidade imediata, quando presente o estado de perigosidade, ainda que possa apresentar-se mais gravosa, pois remédios reputados mais eficientes não podem deixar de ser ministrados aos pacientes deles carecedores só pelo fato de serem mais amargos ou dolorosos".[36]

II - LEI PENAL NO TEMPO

Lei Penal no tempo

Art. 2º

"Ninguém pode ser punido por fato que lei posterior deixa de considerar crime, cessando em virtude dela a execução e os efeitos penais da sentença condenatória

Parágrafo único - A lei posterior, que de qualquer modo favorecer o agente, aplica-se aos fatos anteriores, ainda que decididos por sentença condenatória transitada em julgado."

Lei excepcional ou temporária

Art. 3º:

"A lei excepcional ou temporária, embora, decorrido o período de sua duração ou cessadas as circunstâncias que a determinaram, aplica-se ao fato praticado durante sua vigência."

Tempo do crime

Art. 4º - Considera-se praticado a crime no momento da ação ou omissão, ainda que outro seja o momento do resultado.

1. IRRETROATIVIDADE

A garantia da anterioridade é complementada pela irretroatividade da lei penal mais gravosa, pois, como assevera Maurício Antonio Ribeiro Lopes:

"O princípio da legalidade estaria sendo indubitavelmente violado com o reconhecimento de uma norma penal incriminadora, se esta viesse emprestar relevância penal a fatos com fundamento em norma que não existia no momento em que os fatos teriam sido perpetrados. Assim, na feliz expressão de Bettiol, entraria pela janela o que se pretendia despejar pela porta".[37]

De nada valeriam, portanto, os princípios da legalidade e da anterioridade da lei penal, se por leis posteriores pudesse o Estado incriminar e sancionar mais severamente condutas já praticadas em momento pretérito.

Perder-se-ia todo o substrato de garantia destes princípios, pois a segurança de estar praticando uma ação lícita, em determinado momento, poderia ser atingida pela elaboração de uma norma posterior, que passasse a considerar aquele comportamento criminoso e passível de punição.

Logo, a *anterioridade* e *irretroatividade* da lei penal mais gravosa constituem exigências do ***princípio da legalidade***, sem as quais este perderia a sua principal função, qual seja, a de limitação ao poder de interferência do Estado nas vidas dos cidadãos.

2. RETROATIVIDADE BENÉFICA

2.1. Abolitio criminis

Por *abolitio criminis* entende-se a promulgação de lei que deixa de considerar como criminosa conduta antes valorada negativamente, tipificada legalmente pelo ordenamento jurídico-penal.

Cuida-se - como anotam Silva Franco e outros - [38], "de hipótese de supressão da figura criminosa, por ter o legislador considerado que a ação, antes prevista como delituosa, não é mais idônea a ferir um bem jurídico que pretende tutelar *[ou que esta lesão não é grave o suficiente, diante do princípio da subsidiariedade, para a intervenção penal, havendo outros instrumentos para a sua prevenção]*. Com a descriminalização [ou descriminação] do fato, não teria sentido o prosseguimento da execução da pena, nem a mantença das seqüelas penais da sentença condenatória".

A *abolitio criminis* opera-se tanto com a revogação, pura e simples, expressa ou tácita, da lei penal, como com a introdução de novo elemento essencial ao tipo penal, pouco importando, na hipótese, se o elemento especial, irrelevante na tipificação anterior, encontrava-se presente no fato antigo.

Isto porque a introdução de elemento *ex novo* especial no tipo implica o rompimento da continuidade típico-normativa entre as leis penais, independentemente da presença do elemento especial no fato antigo, com a consequente despenalização da conduta pretérita.

Neste sentido posiciona-se Américo A. Taipa de Carvalho, para quem:

"Com a entrada em vigor da lei nova, que adicionou um novo elemento ao tipo legal da lei antiga, o facto praticado na vigência da lei antiga – preencha, ou não, o elemento da lei nova – fica despenalizado, se o elemento adicionado constituir um elemento essencial".[39]

Inexistindo a descontinuidade normativa, não há de se falar em *abolitio criminis:*

PENAL. AGRAVO REGIMENTAL EM RECURSO ESPECIAL. MEIO AMBIENTE. ABOLITIO CRIMINIS. LEI Nº 9.605/98 E LEI Nº 12.651/12. INOCORRÊNCIA CONCRETA DE DESCONTINUIDADE NORMATIVA-TÍPICA.

I - A decisão agravada deve ser mantida por seus próprios fundamentos.

II - Não se conhece de abolitio criminis quando, na sucessão de leis penais, inexiste a descontinuidade normativa-típica.

III - A abolitio criminis ocorre quando não há previsão, na novatio legis, da hipótese tratada - afastada, pois, do campo penal - na lei anterior. Caso contrário, sendo esta apenas mais benéfica, persiste a incriminação até pela via da ultra-atividade da lex mitior.

IV - In casu, não houve qualquer modificação na descrição do comportamento proibido do artigo 38, caput, da Lei 9.605/98, nem qualquer alteração substancial no complemento da norma penal em branco, de modo a caracterizar situação de abolitio criminis.

Agravo regimental não provido. (STJ - AgRg no REsp 1408507/PR, Rel. Ministro FELIX FISCHER, QUINTA TURMA, julgado em 12/09/2017, DJe 20/09/2017)

Revogada a lei penal incriminadora, extingue-se a punibilidade do agente, nos termos do art. 107, inciso III, do Código Penal, operando-se, ainda, a extinção dos efeitos da sentença penal condenatória, previstos pelos artigos 91 e 92, ambos do Código Penal.

2..2. Lex Mitior

A proibição da irretroatividade da lei penal, decorrência do princípio da legalidade, não compreende a da lei penal mais favorável, que, ao contrário, constitui, por previsão constitucional, uma garantia individual.

Por "lei mais benigna" entende-se aquela que deixa de considerar a conduta como criminosa (*abolitio criminis*), passa a impor pena menos rigorosa ou de menor duração – qualitativa ou quantitativamente inferior -, considera novas circunstâncias atenuantes, cria condições de procedibilidade ou objetivas de punibilidade, ou amplia as possibilidades de alternativas penais - suspensão condicional da pena, livramento condicional, penas substitutivas.

A lei posterior, em nosso entender, somente pode ter aplicabilidade ao fato após adquirir plena eficácia, isto é, com a sua entrada em vigor.

Antes disso, exatamente pela ausência de *eficácia* da lei nova, há mera *expectativa* de aplicabilidade.

Nem se diga que este posicionamento implicaria iniquidade, tratamento desigual dos sujeitos à mesma situação jurídica, pois, com a entrada em vigor da lei mais benigna, a sua incidência será imediata, ainda que na fase de execução da pena.

Questão que se coloca no tocante ao princípio da retroatividade da lei penal mais benéfica é se, diante do conflito de proposições de duas ou mais leis, contendo preceitos mais favoráveis ao acusado, pode o juiz simplesmente combiná-los.

Damásio Evangelista[40] e Frederico Marques[41] afirmam que sim, pois se o juiz pode aplicar o todo de uma ou de outra lei para favorecer o acusado, não há por que não possa escolher parte de uma ou de outra para o mesmo fim, aplicando o mandamento constitucional.

Entendimento contrário, segundo estes autores, constituiria formalismo jurídico em contraposição à Constituição, o que é inadmissível.

Em sentido próximo, embora apenas em hipóteses excepcionais, posiciona-se Basileu Garcia[42].

Entendemos, contudo, que não há como prevalecer o argumento acima exposto.

Isto porque se o juiz simplesmente, na aplicação da lei penal, combinar os preceitos benéficos de duas ou mais leis (revogadora e revogada), estará extrapolando a sua função jurisdicional e interpretativa para transformar-se em legislador, elaborador de uma *nova* norma (*lex tertia*).

Esta atividade, entretanto, face ao princípio constitucional da divisão de poderes, pertence ao Poder Legislativo e não ao Judiciário.

Com esta orientação a 1ª Turma do STF indeferiu *habeas corpus* em que condenada por crime de tráfico de drogas praticado sob a vigência Lei 6.368/76 pretendia fosse aplicada à sua pena-base a causa de diminuição prevista no art. 33, § 4º da Lei 11.343/2006 ("*§ 4o Nos delitos definidos no caput e no § 1o deste artigo, as penas poderão ser reduzidas de um sexto a dois terços, vedada a conversão em penas restritivas de direitos, desde que o agente seja primário, de bons antecedentes, não se dedique às atividades criminosas nem integre organização criminosa.*"). Aduziu-se, de início, que a sentença condenatória considerara diversos fatores que afastariam a diminuição da pena, tais como maus antecedentes, quantidade de droga apreendida, entre outros. Destacou-se, ademais, que a nova lei majorou a pena mínima aplicada a tal crime de três para cinco anos, daí o advento da referida causa de diminuição. Por fim, considerou-se não ser lícito tomar preceitos isolados de uma e outra lei, pois cada uma delas deve ser analisada em sua totalidade, sob pena de aplicação de uma terceira lei, criada unicamente pelo intérprete. Declarou-se, ainda, o prejuízo do pedido de substituição da pena privativa de liberdade por restritiva de direitos.[43]

O plenário do Supremo Tribunal Federal, contudo, chamado a deliberar a respeito da matéria, em um primeiro momento não chegou a uma conclusão definitiva – o que demonstra o grau da controvérsia -, pois o julgamento do RE 596152/SP (Rel. orig. Min. Ricardo Lewandowski, Rel. p/ o acórdão Min. Ayres Britto, j. em 13.10.2011) resultou em empate.[44]

Em um segundo momento, entretanto, o STF, no julgamento do Recurso Extraordinário n. 600817, que teve repercussão geral reconhecida, em 07.11.2013, acabou por pacificar a questão ao adotar a tese nesta obra sustentada a impossibilidade da combinação de leis. Extrai-se do voto do Min. Relator Ricardo Lewandowiski que, embora a retroação da lei penal para favorecer o réu seja uma garantia constitucional, a Lei Magna não autoriza que partes de diversas leis sejam aplicadas separadamente em seu benefício.

A aplicação da minorante prevista em uma lei, portanto, combinada com a pena prevista em outra, criaria uma terceira norma, fazendo com que o julgador atuasse como legislador positivo, o que configuraria uma afronta ao princípio constitucional da separação dos Poderes.

Some-se a isto que - como afirma Nelson Hungria - "não se pode tomar parte do todo, pois os dispositivos de uma lei se completam e se condicionam mutuamente, entrosando-se num sistema orgânico e irrepartível, e é, de todo, incurial que se destaque um deles como ser autônomo, truncando-se tal sistema".[45]

No mesmo sentido o pensamento de Pietro Nuvolone: "Para estabelecer qual a norma mais favorável é preciso fazer referência tanto ao preceito primário de conduta, quanto ao preceito secundário ou sancionador: em última análise, às consequências aflitivas que, com base nas duas normas em questão, possam advir ao particular pela aplicação de uma ou outra norma; deve-se, pois, fazer uma avaliação global e não fragmentária".[46]

Com efeito, extrair alguns dispositivos, de forma isolada, de um diploma legal, e outros dispositivos de outra lei implica alterar por completo o seu espírito normativo, criando um conteúdo diverso do previamente estabelecido pelo legislador.[47]

Assim, no conflito de leis, deverá o juiz optar pela que for mais benigna *em seu conjunto*, aplicando, se o caso, a retroatividade da lei mais benéfica ou a irretroatividade da mais gravosa.[48]

Esta a orientação adotada pelo Superior Tribunal de Justiça, sintetizada em sua súmula n. 501, em consonância com o entendimento do Supremo Tribunal Federal:

"É cabível a aplicação retroativa da Lei 11.343/2006, desde que o resultado da incidência das suas disposições, na íntegra, seja mais favorável ao réu do que o advindo da aplicação da Lei n. 6.368/1976, sendo vedada a combinação de leis".

3- LEI EXCEPCIONAL OU TEMPORÁRIA

Lei excepcional, nos termos do art. 3º, do Código Penal, é aquela determinada por circunstâncias especiais, isto é, calamidades públicas, guerras, revoluções, epidemias, e que tem o prazo de vigência fixado até a cessação destas condições excepcionais.

A lei temporária, por outro lado, tem o seu prazo de vigência (pré)fixado pelo próprio legislador, que, ao estabelecê-la, determina a data em que será cessada a sua eficácia.

A razão desta temporariedade também deve ser a existência de determinadas circunstâncias excepcionais, não se admitindo, para tanto, o mero arbítrio do legislador.

Ambas as espécies de leis têm como característica a ultra-atividade, ou seja, mesmo após a sua autorrevogação – determinada pelo término de seu prazo ou das circunstâncias que motivaram a sua promulgação -, continuam a ser aplicáveis aos fatos ocorridos durante a sua vigência.

A ultra-atividade destas espécies de leis, ao contrário do que se possa supor a uma primeira análise, superficial, não contrasta e nem constitui exceção aos princípios constitucionais da legalidade e da retroatividade da lei penal mais benéfica.

Tanto é assim que, decidindo o legislador pela ab-rogação da lei penal, opera-se a *abolitio criminis* e a impunibilidade do fato.

A ultra-atividade tem as suas raízes nos princípios constitucionais da igualdade e da justiça, pois, se não tivessem esta característica as leis excepcionais ou temporárias, na feliz lição de Frederico Marques, *"seriam inócuas para grande número de infratores, porquanto fácil lhes seria evitar as sanções ali cominadas"*[49]

Com efeito, as circunstâncias excepcionais ou temporais que fundamentam a edição destas leis integram-se, em verdade, aos respectivos tipos penais, formando um todo indissociável, vigente para as condutas perpetradas durante o período de exceção.

A título de exemplo, basta observarmos os crimes militares em tempo de guerra (artigos 355 a 408 do Código Penal Militar), para cujas tipificações indispensável é a *existência de estado de guerra contra nação estrangeira*, declarado nos termos dos artigos 84, inciso XIX, e 137 e seguintes da Constituição Federal, que constitui elemento de todos os tipos de delitos desta espécie. Inexistindo este estado, não há se falar em crime de guerra; decretado e findo, entretanto, as ações típicas nele praticadas continuarão puníveis, pois dotadas de ultra-atividade.

Logo, as leis excepcionais ou temporárias, na realidade, criam tipos penais que são destinados à proteção de determinados bens jurídicos, que, por condutas antes consideradas irrelevantes (ou menos graves), são agora colocados em perigo, exatamente em virtude das circunstâncias de exceção. Ultrapassado o período excepcional e restabelecida a normalidade das relações sociais, as mesmas condutas deixam de ser potencialmente lesivas aos valores ético-jurídicos fundamentais, o que explica a cessação da incidência da norma proibitiva.

4 - TEMPO DO CRIME

4.1. Colocação Do Problema

O legislador da nova Parte Geral do Código Penal, ao contrário do Código de 1940, preferiu disciplinar a questão do "tempo do crime", com o que restaram superadas as divergências até então pendentes na doutrina.

Adotou-se a teoria da atividade, segundo a qual se considera praticado o delito quando da perpetração da conduta humana (positiva ou omissiva), isto é, no momento em que o agente cumpre o seu último ato, pois, como ensina Zaffaroni, se *"a norma funciona como imperativo não só no momento inicial, senão também ao largo de todo o desenvolvimento da conduta até o momento em que se cumpre o último ato, a lógica que se encontra na base do regime de sucessão de leis induz a tomar, como tempo do delito, o tempo do último ato da conduta. Somente aqui cessa para a norma a possibilidade de funcionar como imperativo (...)"*[50].

Embora a questão, a uma primeira análise, não pareça guardar grande relevância, constitui matéria imprescindível para a solução de uma série de problemas que podem surgir quanto à aplicação da lei penal.

Observe-se que com a opção pela teoria da atividade, e não do resultado – que considera praticado o crime no momento do evento típico -, fixa-se a lei vigente quando da ação como aplicável ao fato, ressalvada, contudo, a retroatividade da lei penal mais benéfica (art. 2º, do C.P.).

Marca-se, ainda, o momento da ação humana como início dos prazos prescricional e decadencial, bem como da eventual inimputabilidade pela menoridade penal.

A adoção da teoria da atividade, assim, é consequência do respeito ao princípio fundamental da legalidade dos delitos e das penas, na medida em que é a única que permite ao destinatário da norma penal o pleno conhecimento, quando do comportamento, da valoração negativa de sua conduta e das consequências que podem advir da violação da lei penal.

A teoria do resultado, ao contrário, possibilita, por vias transversas, eventualmente, a retroatividade da lei penal mais gravosa, o que é incompatível com a formulação de um direito penal democrático.

4.2. Crimes Permanentes, Habituais e Continuados

Adotada a teoria da atividade, por nossa legislação penal, para definir o "tempo do crime", qual seria, na hipótese de sucessão de leis penais, a norma proibitiva aplicável aos delitos permanentes ou habituais?

Por delito habitual entende-se, como ensina Damásio[51], a reiteração da mesma conduta reprovável, de forma a constituir um estilo ou hábito de vida; a habitualidade, em si, representa uma circunstância elementar do tipo, como por exemplo no crime de curandeirismo (art. 284, do Código Penal), de forma que as ações que o integram, consideradas em separado, não são delitos.

O crime permanente, por sua vez, é aquele cuja consumação se protai no tempo, podendo a consumação cessar-se pela vontade de seu sujeito ativo, como por exemplo o delito de sequestro (art. 148, do Código Penal).

Tanto no crime permanente como no habitual, na precisa lição de Nelson Hungria[52], na eventual sucessão de leis, incide a nova, ainda que mais severa e que iniciado o delito sob a vigência da lei antiga, pois *"a cada momento de tal permanência – ou habitualidade – está presente e militando, por ação ou omissão, a vontade do agente, nada importando assim que o estado de permanência se haja iniciado no regime da lei antiga, ou que esta incriminasse ou não o fato."*

Com efeito, a aplicação da lei nova constitui decorrência da opção valorativa do agente, pois, mesmo advertido da maior desvalorização social de sua conduta, e das consequências mais gravosas que dela podem advir, opta pela manutenção do comportamento delituoso.

Em relação aos delitos continuados, em princípio, aplica-se o mesmo raciocínio.

Se, entretanto, em virtude da incidência da lei nova, o aumento da pena determinado pelo art. 71, do Código Penal, ultrapassar a soma das penas dos delitos considerados isoladamente, deve-se proceder nos termos no art. 70, parágrafo único, do mesmo diploma legal, isto é, aplicar-se as penas, por cada um dos fatos, cumulativamente, pois, ao contrário, haveria a retroatividade da situação mais gravosa.

III - LEI PENAL NO ESPAÇO

Territorialidade

Art. 5º - Aplica-se a lei brasileira, sem prejuízo de convenções, tratados e regras de direito internacional, ao crime cometido no território nacional.

§ 1º - Para os efeitos penais, consideram-se como extensão do território nacional as embarcações e aeronaves brasileiras, de natureza pública ou a serviço do governo brasileiro, onde quer que se encontrem, bem como as aeronaves e as embarcações brasileiras, mercantes ou de propriedade privada, que se achem, respectivamente, no espaço aéreo correspondente ou em alto mar.

§ 2º - É também aplicável a lei brasileira aos crimes praticados a bordo de aeronaves ou embarcações estrangeiras de propriedade privada, achando-se aquelas em pouso no território nacional ou em vôo no espaço aéreo correspondente, e estas em porto ou mar territorial do Brasil.

Lugar do crime

Art. 6º - Considera-se praticado o crime no lugar em que ocorreu a ação ou omissão, no todo ou em parte, bem como onde se produziu ou deveria produzir-se o resultado.

Extraterritorialidade

Art. 7º - Ficam sujeitos à lei brasileira, embora cometidos no estrangeiro:

I - os crimes:

a) contra a vida ou a liberdade do Presidente da República;

b) contra o patrimônio ou a fé pública da União, do Distrito Federal, de Estado, de Território, de Município, de empresa pública, sociedade de economia mista, autarquia ou fundação instituída pelo Poder Público;

c) contra a administração Pública, por quem está a seu serviço;

d) de genocídio, quando o agente for brasileiro ou domiciliado no Brasil;

II - os crimes:

a) que, por tratado ou convenção, o Brasil se obrigou a reprimir;

b) praticados por brasileiro;

c) praticados em aeronaves ou embarcações brasileiras, mercantes ou de propriedade privada, quando em território estrangeiro e aí não sejam julgados.

§ 1º - Nos casos do inciso I, o agente é punido segundo a lei brasileira, ainda que absolvido ou condenado no estrangeiro.

§ 2º - Nos casos do inciso lI, a aplicação da lei brasileira depende do concurso das seguintes condições:

a) entrar o agente no território nacional;

b) ser o fato punível também no país em que foi praticado;

c) estar o crime incluído entre aqueles pelos quais a lei brasileira autoriza a extradição;

d) não ter sido o agente absolvido no estrangeiro ou não ter aí cumprido a pena;

e) não ter sido o agente perdoado no estrangeiro ou, por outro motivo, não estar extinta a punibilidade, segundo a lei mais favorável.

§ 3º - A lei brasileira aplica-se também ao crime cometido por estrangeiro contra brasileira fora do Brasil, se, reunidas as condições previstas no parágrafo anterior:

a) não foi pedida ou foi negada a extradição;

b) houve requisição do Ministro da Justiça.

Pena cumprida no estrangeiro

Art. 8º - A pena cumprida no estrangeiro atenua a pena imposta no Brasil pelo mesmo crime, quando diversas, ou nela é computada, quando idênticas.

Eficácia de sentença estrangeira

Art. 9º - A sentença estrangeira, quando a aplicação da lei brasileira produz na espécie as mesmas conseqüências, pode ser homologada no Brasil para:

I - obrigar o condenado à reparação do dano, a restituições e a outros efeitos civis;

II - sujeitá-lo à medida de segurança.

Parágrafo único - A homologação depende:

a) para os efeitos previstos no inciso I, de pedido da parte interessada;

b) para os outros efeitos, da existência de tratado de extradição com o país de cuja autoridade judiciária emanou a sentença, ou, na falta de tratado, de requisição do Ministro da Justiça.

1. PRINCÍPIOS DA LEI PENAL NO ESPAÇO

Para disciplinar a aplicação da lei penal no espaço, cinco são os princípios fundamentais que podem orientar o âmbito de sua incidência, diante do direito penal internacional: (a) da territorialidade; (b) da nacionalidade; (c) da defesa; (d) da justiça universal; (e) da representação.

Pelo princípio da **territorialidade**, a lei penal do país tem incidência no território que a instituiu, independentemente da nacionalidade do sujeito ativo do delito ou do titular do bem jurídico violado.

A vantagem dos sistemas penais que acolhem este princípio como regra, consiste no estabelecimento preciso da área de soberania do Estado e de sua jurisdição penal, com respeito às soberanias dos demais Estados da comunidade internacional, evitando-se, com isso, conflitos de leis de nacionalidades distintas sobre o mesmo fato.

O princípio da **nacionalidade** engloba, em verdade, duas espécies: princípio da **nacionalidade ativa** e da **nacionalidade** ou **personalidade passiva.**

O princípio da **nacionalidade ativa** impõe a aplicação da lei penal do país ao seu nacional, ainda que praticada a infração em território alienígena. A lei penal nacional e, consequentemente, a soberania do Estado, estendem-se ao seu cidadão, em qualquer local do planeta em que se encontre, pois, o indivíduo deve sempre obediência às leis de seu país.

O princípio da **nacionalidade passiva**, por sua vez, implica a aplicação da lei nacional quando o crime atinge bem jurídico do próprio Estado ou outro de seus súditos[53].

Legislação penal orientada somente pelo princípio da nacionalidade, quer ativa ou passiva, encontraria grandes obstáculos de aplicação, não somente por "agredir" ou "invadir" a soberania de Estados estrangeiros, mas também pelas dificuldades que se colocariam quanto à colheita de provas e condução do processo.

O princípio da **defesa** tem em vista a nacionalidade do bem jurídico atingido, seja qual for o local da prática do delito.

Objetiva defender os interesses nacionais e do Estado, sem levar em conta a nacionalidade do autor ou o país da infração.

Pelo princípio da **justiça universal**, o Estado tem o poder de punir qualquer infração às suas leis penais, independentemente do local, do sujeito ativo ou passivo do delito.

O caráter utópico e inviável, pelo menos no momento histórico em que vivemos, de um sistema baseado neste princípio é óbvio, pois a diversidade das várias culturas humanas e, em consequência, das mais variadas legislações penais nacionais, não permite um direito penal ou internacional uniforme.

Excepcionalmente, contudo, em relação a questões pontuais, como por exemplo aos crimes de guerra e contra a humanidade, cabível a aplicação da justiça universal para a submissão dos autores destas espécies de delitos a um Tribunal Penal Internacional.

O Tribunal Penal Internacional foi criado pela assinatura do tratado de Roma, em 1998, inspirado pelo princípio da justiça universal, e constitui um organismo internacional, supranacional, institucionalizado e independente, destinado a proteger os direitos humanos fundamentais.

O Estatuto não admite oposição de reservas, o que implica ratificação incondicional por parte dos Estados-partes.

Tem caráter complementar, pois competente para processo e julgamento dos crimes cometidos após entrar em vigor (com a ratificação de sessenta Estados), e quando o Estado-parte não esteja disposto ou em condições de realizar a investigação, processo e julgamento, de forma imparcial e independente, das infrações penais. Apenas tem jurisdição sobre os fatos ocorridos nos Estados-partes, a bordo de embarcação ou aeronave desses Estados, ou por um seu nacional.

É regido pelos princípios da legalidade dos delitos e das penas, da irretroatividade da lei penal e da presunção de inocência.

Quanto ao sistema de penas, estabelece, como aplicáveis, as sanções de reclusão por período máximo de 30(trinta) anos, a prisão perpétua, a multa e a perda de bens.

O Estatuto do Tribunal Penal Internacional acolhe, ainda, o princípio da tipicidade, pois descreve os elementos e circunstâncias dos delitos submetidos à sua competência, quais sejam: genocídio, crimes contra a humanidade e de guerra e de agressão internacional.

A concretização da sanção penal aplicada fica a critério do Tribunal, ao qual cabe designar o Estado em que irá o condenado cumprir a pena, dentre aqueles que tiverem manifestado disposição de receber condenados.

Esta decisão, entretanto, levará em conta as garantias que puderem ser oferecidas de aplicação de normas internacionais sobre tratamento de presos, a opinião do condenado e sua nacionalidade.

A remoção do preso para outro Estado poderá ser determinada a qualquer tempo, de ofício pelo Tribunal ou a pedido do condenado.

Alguns pontos estabelecidos no Estatuto, a nosso ver, contrariam direitos e garantias fundamentais estabelecidos pela C.F. de 1988, e não comportariam, assim, aplicação ao (e pelo) Estado brasileiro, por existência de contradição com o sistema estabelecido.

O primeiro ponto é a admissibilidade de imposição de prisão perpétua, pena expressamente excluída das aplicáveis pelo art. 5º, inciso XLVII, da C.F., cláusula pétrea que não admite mitigação.

O segundo ponto refere-se à não extradição de nacionais.

Embora o estatuto diferencie os institutos da extradição e da entrega ao T.P.I., a norma constitucional tem por finalidade garantir ao brasileiro nato a jurisdição brasileira e, por constituir cláusula pétrea, não pode admitir exceções, ainda que instituídas por Tratado.[54]

Último dos princípios da aplicação da lei penal no espaço, encontra-se o princípio da **representação**, ausente do Código Penal brasileiro de 1940 e acolhido pela Nova Parte Geral, implica a aplicação da lei penal do país a delitos perpetrados em aeronaves ou embarcações privadas, quando em território estrangeiro, desde que aí não sejam julgados.

2. TERRITORIALIDADE NO DIREITO BRASILEIRO

A aplicação da lei penal no espaço é disciplinada, no direito brasileiro, pelo princípio da territorialidade, regra constante do art. 5º, do Código Penal, e temperada pelas exceções previstas pelo art. 7º, do mesmo diploma legal. A simples menção ao princípio da territorialidade, no entanto, não resolve todos os problemas da aplicação da lei penal no espaço, pois o legislador penal eximiu-se de oferecer uma definição precisa de território nacional. Assim, deve-se conhecer o conteúdo do conceito de território nacional, para que se possa compreender o âmbito de incidência da lei penal brasileira.

O território nacional físico ou real, como ensina Frederico Marques[55], lembrando Clóvis Beviláqua, *"compreende o território terrestre, o território marítimo e o território fluvial, bem como o espaço aéreo"*.

Por **território terrestre** entende-se a porção do solo – e do subsolo – ocupada pela nação, nos limites geográficos ou naturais reconhecidos pelo direito internacional.

O **território fluvial** encerra todos os lagos e rios interiores do Estado, denominados nacionais, e os fronteiriços ou limítrofes, que servem de fronteira a um ou mais territórios. Em relação a estes últimos, salvo convenção em contrário, a soberania do Estado atinge até a linha média ou eixo do canal principal (rios) ou a parte que fica entre as linhas que ligam as extremidades das respectivas testadas ao centro (lagos)[56].

A questão do **território marítimo** ou **mar territorial**, que ensejou diversas controvérsias no passado, restou pacificada com a Convenção das Nações Unidas sobre o Direito do Mar, de 10 de dezembro de 1982, ratificada pelo Brasil em 22 de dezembro de 1988, cujas diretrizes fundamentais foram acolhidas pela Lei 8.617 de 04 de janeiro de 1993.

Nos termos do art. 1º da mencionada lei, o mar territorial do Brasil estende-se a uma faixa de 12(doze) milhas marítimas de largura, a partir da linha de baixa-mar, sobre a qual exerce o Estado soberania plena[57].

O território real é constituído, ainda, pelo **espaço aéreo** do Estado, ou seja, a porção de espaço existente acima de seu território terrestre e mar territorial, até atingir o limite da atmosfera, pois o espaço ultraterrestre, nos termos do Tratado sobre Exploração e Uso do Espaço Cósmico das Nações Unidas de 19 de dezembro de 1966, aprovado por nosso país pelo Decreto Legislativo de 02 de outubro de 1968, e promulgado pelo Decreto 64.362 de 17 de abril de 1969, é de uso e exploração (pacífica e científica) livres por todos os Estados e nações.

Ao território físico, cujos elementos acima analisamos, soma-se, para a formação da totalidade do território nacional, o território fictício, que preferimos denominar de *jurídico*, disciplinado pelos parágrafos 1º e 2º, do art. 5º, do Código Penal.

O primeiro elemento do território fictício ou jurídico é constituído pelas embarcações e aeronaves públicas[58] ou a serviço do governo brasileiro, tais como as militares e as à disposição do Chefe do Estado ou de missões diplomáticas.

Em relação a estas, a aplicabilidade da lei penal brasileira é *absoluta*, quer se encontrem no espaço territorial nacional, em alto-mar ou no espaço sobrejacente, quer se encontrem em território alienígena. Representam, portanto, verdadeira *extensão* do território do Estado.

O mesmo ocorre com relação às naves espaciais eventualmente enviadas ao espaço cósmico, pois o art. VIII do Tratado das Nações Unidas sobre exploração e uso do espaço cósmico, promulgado no Brasil pelo Decreto n. 64.362 de 17 de abril de 1969, dispõe que o Estado em cujo registro figure o objeto lançado ao espaço cósmico, conservará sob sua jurisdição – inclusive penal, portanto - e controle do referido objeto e todo o seu pessoal, enquanto se encontrarem em espaço cósmico ou em um corpo celeste.

Idêntica a situação das embarcações e aeronaves mercantes e de propriedade privada, enquanto se achem *no espaço territorial brasileiro*, em alto-mar ou no espaço sobrejacente. Não, contudo, quando se encontrarem em espaço territorial estrangeiro, hipótese em que aplicável será a lei penal do Estado no qual praticado o delito, não havendo a extensão da lei penal brasileira (salvo se presentes as circunstâncias do art. 7º, inciso II, alínea "c", do Código Penal).

Harmoniza-se com estes preceitos a disposição do § 2º, do art. 5º, do Código penal, que reza estarem sujeitos à lei penal brasileira os fatos ocorridos a bordo de embarcações ou aeronaves estrangeiras de propriedade privada, quando em território nacional, isto é, em porto ou em pouso no Brasil, ou no mar territorial ou espaço aéreo sobrejacente.

3. EXCEÇÕES AO PRINCÍPIO DA TERRITORIALIDADE

3.1. Princípio da Representação

A primeira exceção no tocante à regra da aplicação da lei penal nacional aos fatos ocorridos em território brasileiro é decorrência da norma contida no art. 5º § 1º, acima analisado, pois ao considerar a nossa lei aplicável às embarcações e aeronaves públicas como extensão do território do Estado, reconhece a mesma prerrogativa aos Estados estrangeiros.

Assim, os delitos cometidos a bordo das embarcações e aeronaves públicas alienígenas, deverão ser julgados conforme a lei penal do respectivo país, sujeitando-se o agente àquela jurisdição penal.

3.2. Imunidades Diplomáticas

O segundo ponto de exclusão da jurisdição nacional refere-se às imunidades das autoridades diplomáticas, estabelecidas pela Convenção de Viena sobre Relações Diplomáticas, a qual foi aprovada, em nosso país, pelo Decreto Legislativo 103, de 18 de novembro de 1964, e promulgada pelo Decreto 56.435, de 08 de junho de 1965[59].

O "agente diplomático" (chefe da missão e demais membros que tiverem a qualificação de diplomata) goza de *absoluta* imunidade penal do Estado em que exerce a representação (acreditado), sendo a sua pessoa *absolutamente inviolável*, salvo expressa renúncia do Estado representado (acreditante). A imunidade, contudo, não o isenta da jurisdição do Estado acreditante.

A inviolabilidade do diplomata é estendida aos locais da respectiva "Missão" e à sua residência particular, não podendo os agentes do Estado acreditado neles penetrar sem o consentimento do Chefe da Missão. Invioláveis, ainda, são seu mobiliário, veículos, bens e documentos, que não podem ser objeto de busca, requisição, embargo ou medida de execução.

Desde que não nacionais do Estado acreditado, gozam também de imunidade penal os membros da família do agente diplomático, que com ele vivem, os membros do pessoal da Missão empregados no serviço administrativo e técnico, e os membros do pessoal da Missão empregados no serviço doméstico; estes últimos, entretanto, apenas quanto aos atos praticados no exercício de suas funções.

A imunidade penal e demais privilégios diplomáticos têm incidência a partir do momento em que a pessoa entra no território brasileiro para assumir o seu posto (ou condição) e cessam ao deixar o país ou quando transcorrido prazo razoável que lhe tenha sido conferido para tal fim, perdurando até esta oportunidade, contudo, mesmo em caso de conflito armado.

Praticado por um membro do pessoal diplomático da Missão um fato considerado ilícito penal pela nossa legislação, cabe ao Governo brasileiro notificar ao Estado acreditante que se trata o agente de *persona non grata* no país, sob pena de poder haver a recusa pelo Estado acreditado a considerar tal pessoa como membro da Missão.

Ao contrário dos diplomatas, os cônsules não gozam de imunidade, pois são atingidos pela lei penal e submetem-se à jurisdição brasileira pelos delitos praticados em território nacional. Neste sentido:

Consul honorário. Ao contrário dos agentes diplomáticos, os funcionários consulares não gozam de maior imunidade de jurisdição criminal, salvo em relação aos atos estritamente funcionais. (STJ - RHC 372/BA, Rel. Ministro JOSÉ DANTAS, QUINTA TURMA, julgado em 29/11/1989, DJ 18/12/1989, p. 18479)

"No que respeita ao Consul, mesmo admitindo que o veículo automotor, envolvido no acidente de trânsito, pertença ao consulado-geral da Polônia, certo era o condutor do automóvel e não goza, no caso, de imunidade de jurisdição (convenção de Viena sobre relações consulares de 1963, art. 43, parágrafo 2., letra obo), podendo, em consequência, a ação movida, também, contra ele, prosseguir, para final apuração de sua responsabilidade, ou não, no acidente, com as consequências de direito. Provimento, em parte, a apelação dos autores, para determinar prossiga a ação contra o cônsul, mantida a extinção do processo sem julgamento do mérito, relativamente a republica popular da Polônia (consulado-geral da Polônia em Curitiba).

(STF - ACi 9701, Relator(a): NÉRI DA SILVEIRA, Tribunal Pleno, julgado em 22/10/1987, DJ 04-12-1987 PP-27639 EMENT VOL-01485-01 PP-00018)

Em relação a eles vigoram, apenas, nos termos da Convenção de Viena sobre Relações Consulares, promulgada no Brasil pelo Decreto 61.078, de 26 de julho de 1967, alguns privilégios, que impedem a sua detenção ou prisão preventiva – exceto em hipóteses de crime grave e em cumprimento a decisão da autoridade judiciária competente -, e a limitação às suas liberdades, salvo se em decorrência de sentença definitiva.

Em qualquer hipótese, no entanto, a ocorrência deverá, desde logo, ser comunicada ao Estado que enviou o funcionário consular, seja através do chefe da repartição consular, seja por via diplomática.

3.3. Imunidades Parlamentares

As imunidades parlamentares constituem, também, exceção ao princípio da aplicação da lei penal brasileira, e estão previstas pelo art.53 da Constituição Federal.

Há de se distinguir, primeiro, as duas espécies de imunidades: (a) formal ou processual; (b) material.

A formal, na realidade, não constitui verdadeira imunidade, pois apenas estabelece *condição para a persecução criminal* enquanto estiver o parlamentar exercendo o seu mandato – considerando-se como termo inicial a data da expedição do diploma.

Trata-se da hipótese prevista pelo § 3º, do art. 53, da Constituição Federal, com a redação que lhe deu a Emenda Constitucional nº 35, de 20 de dezembro de 2001, que faculta à Casa legislativa a que pertencer o parlamentar a sustação do prosseguimento, contra este, de processo criminal, por crime ocorrido *após a diplomação*.

Assim, "O STF, em várias oportunidades, firmou o entendimento de que a EC 35, publicada em 21-12-2001, tem aplicabilidade imediata, por referir-se a imunidade processual, apta a alcançar as situações em curso. Referida emenda "suprimiu, para efeito de prosseguimento da *persecutio criminis*, a necessidade de licença parlamentar, distinguindo, ainda, entre delitos ocorridos antes e após a diplomação, para admitir, somente quanto a estes últimos, a possibilidade de suspensão do curso da ação penal" (Inq 1.637, min. Celso de Mello). Em face desta orientação, carece de plausibilidade jurídica, para o fim de atribuir-se efeito suspensivo a recurso extraordinário, a tese de que a norma inscrita no atual § 3º do art. 53 da Magna Carta se aplica também a crimes ocorridos após a diplomação de mandatos pretéritos". [**AC 700 AgR**, rel. min. Ayres Britto, j. 19-4-2005, 1ª T, *DJ* de 7-10-2005.] = **AI 769.867 AgR**, rel. min. Cármen Lúcia, j. 8-2-2011, 1ª T, *DJE* de 24-3-2011)

A sustação do processo não prejudica a eventual futura persecução criminal, na medida em que se suspende, também, o lapso prescricional.

A segunda hipótese, prevista pelo caput do art. 53, constitui exceção ao princípio da aplicação da lei penal, ao prever que os Deputados e Senadores *são invioláveis por suas opiniões, palavras e votos*.

Portanto, *no que se relaciona ao exercício do mandato*, eventuais ofensas praticadas por parlamentar, contra a honra objetiva ou subjetiva de outrem, não poderão caracterizar injúria, difamação ou calúnia; seus discursos, *sobre temas relevantes ao interesse nacional, estadual ou local*, não configurarão o delito de incitação à prática de crime.

Esta garantia, ao contrário do que se possa supor, não é pessoal do parlamentar e nem constitui privilégio desarrazoado, pois visa, tão somente, ao livre exercício do mandato e, consequentemente, da representação popular e democrática.

Tal imunidade, contudo, conforme reiteradamente tem decidido o STF, não é absoluta, pois deve guardar *estrita vinculação* com o exercício do mandato:

A imunidade material prevista no art. 53, *caput*, da Constituição não é absoluta, pois somente se verifica nos casos em que a conduta possa ter alguma relação com o exercício do mandato parlamentar. Embora a atividade jornalística exercida pelo querelado não seja incompatível com atividade política, há indícios suficientemente robustos de que as declarações do querelado, além de exorbitarem o limite da simples opinião, foram por ele proferidas na condição exclusiva de jornalista. [STF: **Inq 2.134**, rel. min. Joaquim Barbosa, j. 23-3-2006, P, *DJ* de 2-2-2007.]

O Parlamento é o local por excelência para o livre mercado de ideias – não para o livre mercado de ofensas. A liberdade de expressão política dos parlamentares, ainda que vigorosa, deve se manter nos limites da civilidade. Ninguém pode se escudar na inviolabilidade parlamentar para, sem vinculação com a função, agredir a dignidade alheia ou difundir discursos de ódio, violência e discriminação. [STF - **PET 7.174**, rel. p/ o ac. min. Marco Aurélio, j. 10-3-2020, 1ª T, *Informativo* 969.]

Deputado federal. Crime contra a honra. Nexo de implicação entre as declarações e o exercício do mandato. Imunidade parlamentar material. Alcance. Art. 53, *caput*, da CF. (...) A verbalização da representação parlamentar não contempla ofensas pessoais, via achincalhamentos ou licenciosidade da fala. Placita, contudo, modelo de expressão não protocolar, ou mesmo desabrido, em manifestações muitas vezes ácidas, jocosas, mordazes, ou até impiedosas, em que o vernáculo contundente, ainda que acaso deplorável no patamar de respeito mútuo a que se aspira em uma sociedade civilizada, embala a exposição do ponto de vista do orador. [STF - **Pet 5.714 AgR**, rel. min. Rosa Weber, j. 28-11-2017, 1ª T, *DJE* de 13-12-2017.]

4. LUGAR DO CRIME NO DIREITO PENAL BRASILEIRO

Para a fixação da competência penal da jurisdição nacional, indispensável é a determinação do "lugar do crime", especialmente nos delitos praticados "à distância", ou naqueles cujos atos ou resultados são verificados em mais de um país.

Para a solução do problema, três opções foram formuladas pela doutrina: (a) teoria da atividade; (b) teoria do resultado; (c) teoria da ubiquidade.

Segundo a teoria da atividade, considera-se local do crime tão somente aquele em que o sujeito pratica os atos executórios.

A teoria do resultado, por sua vez, fixa o local do delito a partir da verificação do evento típico, isto é, determina que o local do crime é aquele em que se produz o resultado.

Por fim, a teoria da ubiquidade, ou unitária, considera lugar do crime não apenas aquele no qual pratica o agente os atos de execução, como também o local em que se produz - ou deveria produzir-se – o resultado. Meros atos preparatórios ou o exaurimento do crime, atípicos, não são aptos à fixação da competência.

Esta foi a teoria adotada, com acerto, pelo legislador penal brasileiro, pois, como sustenta Frederico Marques, lembrando as lições de Costa e Silva, trata-se da única apta a evitar insuperáveis conflitos negativos de competência entre Estados[60].

De acordo com a teoria da ubiquidade, expressamente acolhida pelo art. 6º, do Código Penal, consideram-se praticados no território brasileiro não somente os delitos nele consumados ou tentados, mas também aqueles em que a ação ou omissão, no todo ou em parte, tenha sido executada no Brasil e produzido, ou devesse produzir (tentativa), resultado em território estrangeiro, e os delitos cujos atos executórios tenham sido perpetrados em território alienígena, mas que produziram ou devessem produzir (tentativa) os resultados em nosso país.

Assim, por exemplo, se na fronteira entre Brasil e Paraguai, **A**, do território brasileiro, efetua um disparo de arma de fogo contra **B**, em território paraguaio, vindo ali a falecer – ou não – o ofendido, a nossa legislação penal considera competente a jurisdição brasileira para o julgamento do fato.

Do mesmo modo, considera-se praticado em território brasileiro o crime, ainda que **A** e **B** encontrem-se, ambos, no território paraguaio quando da conduta criminosa, se a vítima, em virtude do delito, vier a falecer em território brasileiro, isto é, se aqui se produzir o resultado típico.

Nos crimes à distância, portanto, a competência será da jurisdição brasileira, quer em nosso país sejam realizados atos de sua execução, quer aqui se verifique o resultado.

A jurisprudência bem esclarece a aplicabilidade da teoria da ubiquidade. A título de ilustração:

PROCESSUAL PENAL. HABEAS CORPUS. APLICAÇÃO DA LEI BRASILEIRA. COMPETÊNCIA JURISDICIONAL. CRIME INICIADO EM TERRITÓRIO NACIONAL. SEQÜESTRO OCORRIDO EM TERRA. IMPOSSIBILIDADE DE REEXAME PROBATÓRIO. CONDUÇÃO DA VÍTIMA PARA TERRITÓRIO ESTRANGEIRO EM AERONAVE. PRINCÍPIO DA TERRITORIALIDADE. LUGAR DO CRIME - TEORIA DA UBIQÜIDADE. IRRELEVÂNCIA QUANTO AO EVENTUAL PROCESSAMENTO CRIMINAL PELA JUSTIÇA PARAGUAIA. COMPETÊNCIA DA JUSTIÇA ESTADUAL. ORDEM DENEGADA.

1. Aplica-se a lei brasileira ao caso, tendo em vista o princípio da territorialidade e a teoria da ubiquidade consagrados na lei penal.

2. Consta da sentença condenatória que o início da prática delitiva ocorreu nas dependências do aeroporto de Tupã/SP, cuja tese contrária exigiria exame profundo do acervo fático-proba-

tório, incabível em sede de habeas corpus, sendo assegurado ao acusado o reexame das provas quando do julgamento de recurso de apelação eventualmente interposto, instrumento processual adequado para tal fim.

3. Afasta-se a competência da Justiça Federal, pela não-ocorrência de quaisquer das hipóteses previstas no art. 109 da Constituição Federal, mormente pela não-configuração de crime cometido a bordo de aeronave.

4. Não existe qualquer óbice legal para a eventual duplicidade de julgamento pelas autoridades judiciárias brasileira e paraguaia, tendo em vista a regra constante do art. 8º do Código Penal.

5. Ordem denegada. (STJ - HC 41.892/SP, Rel. Ministro ARNALDO ESTEVES LIMA, QUINTA TURMA, julgado em 02/06/2005, DJ 22/08/2005, p. 319)

PROCESSUAL PENAL E PENAL. RECURSO EM HABEAS CORPUS. PRISÃO PREVENTIVA. TRÁFICO INTERNACIONAL DE DROGAS. ASSOCIAÇÃO PARA O TRÁFICO. COMPETÊNCIA PARA JULGAMENTO DA AÇÃO PENAL. LOCAL DA CONSUMAÇÃO DO DELITO. FUNDAMENTAÇÃO CONCRETA DA PRISÃO. QUANTIDADE EXORBITANTE DE DROGA APREENDIDA. NOTÁVEL ORGANIZAÇÃO CRIMINOSA. REITERAÇÃO DELITIVA. ILEGALIDADE. AUSÊNCIA. RECURSO EM HABEAS CORPUS IMPROVIDO.

1. Tendo a importação de drogas início no Paraguai (droga antes vinda da Bolívia) para ingresso e revenda no Brasil, é caso de crime à distância, com início no estrangeiro, mas resultado no país, sendo assim aplicável a lei penal brasileira pela teoria da ubiquidade, com foro na jurisdição federal (crime à distância com resultado no Brasil, por crime constante de tratado internacional onde é o Brasil signatário).

2. Apresentada fundamentação concreta para a decretação da prisão preventiva, ante a prática do crime por organização criminosa complexa, com diversas apreensões de drogas realizadas,

e sendo ressaltado ainda que os investigados se dedicavam ao crime de forma "profissional", ou seja, continuada e exclusiva, não há ilegalidade.

3. Recurso em habeas corpus improvido. (STJ - RHC 88.869/RS, Rel. Ministro NEFI CORDEIRO, SEXTA TURMA, julgado em 23/10/2018, DJe 13/11/2018)

RECURSO EM HABEAS CORPUS. CRIME DE LAVAGEM DE DINHEIRO. ITER CRIMINIS OCORRIDO NA SUÍÇA E NO BRASIL. CONDENAÇÃO E CUMPRIMENTO DA PENA POR ESTE DELITO NO EXTERIOR. AÇÃO PENAL PROPOSTA NA JUSTIÇA BRASILEIRA. VIABILIDADE. RECURSO AO QUAL SE NEGA PROVIMENTO.

1. O crime também foi cometido no Brasil, tendo o acórdão reconhecido que a execução e os efeitos da lavagem de dinheiro ocorreram no território nacional, assim admite-se a persecução penal pela justiça brasileira, independentemente de outra condenação no exterior.

2. Desta forma, adota-se o princípio da territorialidade previsto no art. 5º do Código Penal - CP, segundo o qual aplica-se a lei brasileira a qualquer crime cometido no Brasil. Todavia, segundo a previsão do art. 8º CP, a pena cumprida no estrangeiro vai atenuar a reprimenda imposta aqui.

3. Recurso desprovido. (STJ - RHC 78.684/SP, Rel. Ministro JOEL ILAN PACIORNIK, QUINTA TURMA, julgado em 04/12/2018, DJe 08/02/2019)

COMPETÊNCIA. LOCAL DO CRIME. TEORIA DA UBIQÜIDADE. Local do crime e competência para processamento da ação criminal. A circunstância de o resultado da ação praticada ter ocorrido em local diferente daquele em que se dera a respectiva ação não invalida a competência do juízo da 2ª Vara Criminal Federal da Sessão Judiciária de Curitiba/PR para conhecer da ação criminal e processá-la, nos termos do art. 6º do Código Penal. Ordem de habeas corpus conhecida, mas denegada. (STF - HC 89248, Relator(a): JOAQUIM BARBOSA, Segunda Turma, julgado em 03/10/2006, DJ 06-11-2006 PP-00051   EMENT VOL-02254-04 PP-00675 RT v. 96, n. 857, 2007, p. 541-543 RCJ v. 20, n. 131, 2006, p. 135-138)

Os crimes à distância, contudo, como ensina Aníbal Bruno[61], não podem ser confundidos com os crimes em trânsito. Nestes últimos, como no exemplo do envio de uma carta contendo injúrias, dos Estados Unidos da América à Argentina, que simplesmente para chegar ao seu destino, atravessa o Brasil, não há qualquer ameaça à ordem jurídico-penal do país no qual o instrumento da injúria passa somente em trânsito, não sendo aplicável, portanto, a lei penal brasileira.

Nas hipóteses de concurso de agentes, será considerado praticado no território brasileiro o delito, desde que aqui se perpetrem um ou mais atos de execução (incluídos, nestes, os atos de participação), ou ocorra total ou parcialmente o resultado.

Também nos delitos habituais e permanentes, para a fixação da competência brasileira, basta que um dos fatos que compõem a figura jurídica proibitiva ocorra em território nacional, o mesmo se afigurando em relação ao delito continuado, que, por ficção jurídica, recebe o tratamento de um "crime unitário".

Distinta é a solução, no entanto, em relação aos crimes conexos cometidos no estrangeiro, pois a conexão, matéria de ordem *unicamente processual*, não tem o poder de ampliar a jurisdição nacional a fatos ocorridos sob a tutela de jurisdição alienígena.

5. EXTRATERRITORIEDADE

5.1. Conceito

Como vimos, o direito penal brasileiro, em matéria de aplicação da lei penal é regido, em regra, pelo princípio da territorialidade.

O princípio, contudo, comporta exceções negativas (imunidades diplomáticas, fatos ocorridos em aeronaves e embarcações públicas estrangeiras) e positivas, estas últimas sob a denominação de extraterritorialidade da lei penal.

A extraterritorialidade impõe a aplicação da lei penal brasileira a delitos perpetrados em território estrangeiro. Se a lei penal brasileira tiver incidência independentemente de qualquer condição, será a extraterritorialidade incondicionada. Se, por outro lado, a imposição da lei nacional depender do preenchimento de determinadas condições, estaremos diante de um caso de extraterritorialidade condicionada.

5.2. Extraterritorialidade Incondicionada

O art. 7º, inciso I, do Código Penal, estabelece quatro hipóteses de aplicação incondicionada da lei brasileira, ainda que cometidos os crimes em território alienígena.

Assim, os delitos praticados contra a vida ou a liberdade do Presidente da República (alínea "a"), ficam sempre sujeitos à lei brasileira.

Aplica-se, aqui, como exceção à territorialidade, o *princípio da defesa*, pois os atentados contra a vida ou a liberdade do Chefe de Estado brasileiro colocam em risco não somente a sua incolumidade pessoal, mas também a soberania nacional e a integridade das instituições democráticas.

A alínea "b", do inciso I, do art. 7º, dispõe que se sujeitam à lei brasileira os crimes cometidos contra o patrimônio ou a fé pública da União, do Distrito Federal, de Estado, de Território, de Município, de empresa pública, sociedade de economia mista, autarquia ou fundação instituída pelo Poder Público.

Nestes casos aplica-se, também, o princípio da defesa, pois estas espécies de delitos, ao violarem bens jurídicos de pessoas jurídicas de direito público, ou de direito privado que contam com a participação do Estado, atingem o interesse nacional.

O mesmo princípio tem incidência na questão tratada pela alínea "c", que estabelece a competência da lei e jurisdição nacional para os crimes praticados contra a administração pública, por quem está a seu serviço (artigos 312 a 326, do Código Penal).

Por fim, a alínea "d", reza que se aplica incondicionalmente a lei penal brasileira ao crime de genocídio, perpetrado por brasileiro ou por pessoa domiciliada no território nacional.

Trata-se, nesta hipótese, de aplicação integrada dos princípios da justiça universal, da defesa e da personalidade passiva, pois a exceção à territorialidade tem em vista a punição de delito contrário à humanidade[62], que contraria os princípios constitucionais que regem as relações internacionais do Brasil (art. 4º, da Constituição Federal), praticado por nacional ou por pessoa domiciliada no Brasil, sujeita, portanto, à lei nacional.

Em todas estas hipóteses, o agente deve ser julgado segundo a lei brasileira, ainda que tenha se sujeitado à jurisdição estrangeira pelo mesmo fato, e, inclusive, sofrido punição.

5.3. Extraterritorialidade Condicionada

5.3.1. Hipóteses

O Código Penal brasileiro prevê quatro hipóteses de extraterritorialidade, que estão dispostas nas alíneas "a" a "c", do inciso II, e no § 3º, do art. 7º, e que se sujeitam ao preenchimento de determinadas condições.

A primeira hipótese, fundada no princípio da justiça universal, trata dos crimes que, por tratado ou convenção internacionais, obrigou-se o Brasil a reprimir, tais como o tráfico ilícito de entorpecentes e o lenocínio.

Os crimes praticados por brasileiro em território estrangeiro, nos termos da alínea "b", também comportam a extraterritorialidade da jurisdição e lei penal brasileiras.

Neste ponto, o princípio da territorialidade é afastado pelo princípio da nacionalidade ativa, pelo interesse do Estado brasileiro em punir o seu cidadão que infringe a legislação penal no estrangeiro.

A terceira hipótese de extraterritorialidade condicionada da lei penal brasileira refere-se aos crimes praticados em aeronaves e embarcações brasileiras privadas, quando em território estrangeiro e aí não sejam julgados.

Estabeleceu-se, aqui, a maior novidade no âmbito da aplicação da lei penal no espaço, em relação ao Código Penal de 1940, com o acolhimento do princípio da representação, preenchendo-se lacuna da lei antes existente.

Por fim, o § 3º, do art. 7º, que adota o princípio da personalidade ou nacionalidade passiva, determina a aplicação da lei penal brasileira aos crimes cometidos por estrangeiro contra brasileiro em território alienígena.

5.3.2. Condições

A extraterritorialidade da lei penal brasileira, prevista para as hipóteses discriminadas nas alíneas "a" a "c", do inciso II, do art. 7º, está sujeita ao preenchimento, cumulativo, das cinco condições expostas no § 2º, do mesmo artigo.

Como primeira condição (alínea "a"), estabeleceu-se a entrada do agente em território jurídico nacional, de forma provisória, definitiva ou transitória.

O segundo requisito (alínea "b") impõe que o fato, considerado criminoso por nosso ordenamento jurídico, seja também punível no país em que foi praticado, isto é, que represente um tipo penal de injusto, com os mesmos elementos, no país em que foi cometido.

Além disso, exige-se que o agente não tenha sido absolvido ou por qualquer outra forma perdoado no estrangeiro, que não esteja extinta a punibilidade, seja pela legislação brasileira, seja pela alienígena, tomando-se em conta a mais benigna, e que não tenha cumprido a pena eventualmente imposta, na íntegra, no exterior (alíneas "d" e "e").

Por fim, o crime deve estar incluído entre aqueles pelos quais a lei brasileira autoriza a extradição (alínea "c"). A complexidade desta matéria, obriga-nos a analisá-la em item apartado, ao qual remetemos o leitor (5.3.3.).

Em relação aos crimes praticados em território alienígena (art. 7º § 3º), por estrangeiro, contra brasileiro, além destas condições exige-se a coexistência de mais duas, previstas pelas alíneas "a" e "b", do art. 7º § 3º, do Código Penal, quais sejam: que não tenha sido pedida ou, se requerida, tenha sido negada a extradição; que haja requisição do Ministro da Justiça para aplicação da lei penal brasileira.

5.3.3. Extradição

A extradição, como ensina Rezek[63], é a entrega de um Estado a outro, e a pedido do segundo, de indivíduo que em seu território deva responder a processo penal ou cumprir pena. O pedido de extradição tem por fundamento jurídico um tratado, em regra bilateral, entre os dois países envolvidos, no qual se estabeleça que, em presença de determinados pressupostos, dar-se-á a entrega da pessoa reclamada ou, à falta de tratado, a "promessa de reciprocidade". Trata-se, nos termos do art. 81, da Lei 13.445 de 24 de maio de 2017, de "medida de cooperação internacional entre o Estado brasileiro e outro Estado pela qual se concede ou solicita a entrega de pessoa sobre quem recaia condenação criminal definitiva ou para fins de instrução de processo penal em curso".

A extradição não se confunde com a **repatriação**, consistente na devolução de pessoa em situação de impedimento ao país de procedência ou de nacionalidade, a **deportação**, que constitui uma forma de exclusão – sem caráter punitivo, pois com a regularização poderá o deportado retornar ao país - do estrangeiro que se encontre em território nacional após uma entrada irregular, ou por ter se transformado em irregular a sua estada, nem com a **expulsão**, que se trata de exclusão do estrangeiro cuja presença, pelos atos por ele praticados, seja nociva à convivência e aos interesses nacionais.

A expulsão, pelo seu nítido caráter *punitivo*, impede, em princípio, o retorno do expulso de plano ao Brasil[64].

Nos termos do art. 102, inciso I, alínea *g*, da Constituição Federal, compete ao Supremo Tribunal Federal julgar, originariamente, a extradição solicitada por Estado estrangeiro, cumprindo ao Presidente da República, contudo, a prerrogativa de decidir pela remessa do extraditando:

RECLAMAÇÃO. PETIÇÃO AVULSA EM EXTRADIÇÃO. PEDIDO DE RELAXAMENTO DE PRISÃO. NEGATIVA, PELO PRESIDENTE DA REPÚBLICA, DE ENTREGA DO EXTRADITANDO AO PAÍS REQUERENTE. FUNDAMENTO EM CLÁUSULA DO TRATADO QUE PERMITE A RECUSA À EXTRADIÇÃO POR CRIMES POLÍTICOS. DECISÃO PRÉVIA DO SUPREMO TRIBUNAL FEDERAL CONFERINDO AO PRESIDENTE DA REPÚBLICA A PRERROGATIVA DE DECIDIR PELA REMESSA DO EXTRADITANDO, OBSERVADOS OS TERMOS DO TRATADO, MEDIANTE ATO VINCULADO. PRELIMINAR DE NÃO CABIMENTO DA RECLAMAÇÃO ANTE A INSINDICABILIDADE DO ATO DO PRESIDENTE DA REPÚBLICA. PROCEDÊNCIA. ATO DE SOBERANIA NACIONAL, EXERCIDA, NO PLANO INTERNACIONAL, PELO CHEFE DE ESTADO. ARTS. 1º, 4º, I, E 84, VII, DA CONSTITUIÇÃO DA REPÚBLICA. ATO DE ENTREGA DO EXTRADITANDO INSERIDO NA COMPETÊNCIA INDECLINÁVEL DO PRESIDENTE DA REPÚBLICA. LIDE ENTRE ESTADO BRASILEIRO E ESTADO ESTRANGEIRO. INCOMPETÊNCIA DO SUPREMO TRIBUNAL FEDERAL. DESCUMPRIMENTO DO TRATADO, ACASO EXISTENTE, QUE DEVE SER APRECIADO PELO TRIBUNAL INTERNACIONAL DE HAIA. PAPEL DO PRETÓRIO EXCELSO NO PROCESSO DE EXTRADIÇÃO. SISTEMA "BELGA" OU DA "CONTENCIOSIDADE LIMITADA". LIMITAÇÃO COGNITIVA NO PROCESSO DE EXTRADIÇÃO. ANÁLISE RESTRITA APENAS AOS ELEMENTOS FORMAIS. DECISÃO DO SUPREMO TRIBUNAL FEDERAL QUE SOMENTE VINCULA O PRESIDENTE DA REPÚBLICA EM CASO DE INDEFERIMENTO DA EXTRADIÇÃO. AUSÊNCIA DE EXECUTORIEDADE DE EVENTUAL DECISÃO QUE IMPONHA AO CHEFE DE ESTADO O DEVER DE EXTRADITAR. PRINCÍPIO DA SEPARAÇÃO DOS PODERES (ART. 2º CRFB). EXTRADIÇÃO COMO ATO DE SOBERANIA. IDENTIFICAÇÃO DO CRIME COMO POLÍTICO TRADUZIDA EM ATO IGUALMENTE POLÍTICO. INTERPRETAÇÃO DA CLÁUSULA DO DIPLOMA INTERNACIONAL QUE PERMITE A NEGATIVA DE EXTRADIÇÃO "SE A PARTE REQUERIDA TIVER RAZÕES PONDERÁVEIS PARA SUPOR QUE A PESSOA RECLAMADA SERÁ SUBMETIDA A

ATOS DE PERSEGUIÇÃO". CAPACIDADE INSTITUCIONAL ATRIBUÍDA AO CHEFE DE ESTADO PARA PROCEDER À VALORAÇÃO DA CLÁUSULA PERMISSIVA DO DIPLOMA INTERNACIONAL. VEDAÇÃO À INTERVENÇÃO DO JUDICIÁRIO NA POLÍTICA EXTERNA BRASILEIRA. ART. 84, VII, DA CONSTITUIÇÃO DA REPÚBLICA. ALEGADA VINCULAÇÃO DO PRESIDENTE AO TRATADO. GRAUS DE VINCULAÇÃO À JURIDICIDADE. EXTRADIÇÃO COMO ATO POLÍTICO-ADMINISTRATIVO VINCULADO A CONCEITOS JURÍDICOS INDETERMINADOS. NON-REFOULEMENT. RESPEITO AO DIREITO DOS REFUGIADOS. LIMITAÇÃO HUMANÍSTICA AO CUMPRIMENTO DO TRATADO DE EXTRADIÇÃO (ARTIGO III, 1, f). INDEPENDÊNCIA NACIONAL (ART. 4º, I, CRFB). RELAÇÃO JURÍDICA DE DIREITO INTERNACIONAL, NÃO INTERNO. CONSEQUÊNCIAS JURÍDICAS DO DESCUMPRIMENTO QUE SE RESTRINGEM AO ÂMBITO INTERNACIONAL. DOUTRINA. PRECEDENTES. RECLAMAÇÃO NÃO CONHECIDA. MANUTENÇÃO DA DECISÃO DO PRESIDENTE DA REPÚBLICA. DEFERIMENTO DO PEDIDO DE SOLTURA DO EXTRADITANDO. (STF - Rcl 11243, Relator(a): GILMAR MENDES, Relator(a) p/ Acórdão: LUIZ FUX, Tribunal Pleno, julgado em 08/06/2011, PROCESSO ELETRÔNICO DJe-191 DIVULG 04-10-2011 PUBLIC 05-10-2011 RTJ VOL-00222-01 PP-00184)

A extradição, no Brasil, é regulada pela Lei nº 13.445 de 24 de maio de 2017 (Lei de Migração), e informada por dez princípios fundamentais:

a) Da não Extradição de Nacionais

Este princípio, acolhido pelo art. 5º, inciso LI, da Constituição Federal, e inciso I, do art. 82, da Lei 13.445/2017, veda a extradição do brasileiro nato:

EMENTA EXTRADIÇÃO INSTRUTÓRIA. TRÁFICO DE SUBSTÂNCIAS ESTUPEFACIENTES PROIBIDAS. EXTRADITANDO BRASILEIRO NATO. ARTIGO 12, I, "C", DA CONSTITUIÇÃO FEDERAL. INVIABILIDADE DO PEDIDO EXTRADICIONAL. ARTIGOS 5º, LI, DA CONSTITUIÇÃO FEDERAL, 77, I, DA LEI 6.815/1980 E 11, ITEM 3, DO TRATADO DE EXTRADIÇÃO. EXTRATERRITORIALIDADE DA LEI PENAL BRASILEIRA. ARTIGOS 7º DO CÓDIGO PENAL E 88 DO CÓDIGO DE PROCESSO PENAL. 1. Pedido de extradição formulado pelo Governo do Uruguai contra brasileiro nato, nascido no estrangeiro, filho de pai brasileiro e devidamente registrado em repartição brasileira competente, nos termos do art. 12, I, "c", da Magna Carta. . 2. O ordenamento jurídico brasileiro veda expressamente a extradição de brasileiro nato, arts. 5º, LI, da Constituição da República, 77, I, da Lei 6.815/1980, e 11, item 1, do Tratado de Extradição entre os Estados Partes do Mercosul. Precedentes. 3. Inobstante a inviabilidade da extradição, para os crimes cometidos por brasileiro em solo estrangeiro, possível, na espécie, a extraterritorialidade da lei penal brasileira, caso em que o órgão judiciário brasileiro será competente para processar e julgar o feito, nos termos dos arts. 7º do Código Penal e 88 do Código de Processo Penal. 4. Extradição indeferida, com a imediata expedição do competente alvará de soltura do Extraditando, se por outro motivo não estiver preso. (STF - Ext 1349, Relator(a): ROSA WEBER, Primeira Turma, julgado em 10/02/2015, ACÓRDÃO ELETRÔNICO DJe-040 DIVULG 02-03-2015 PUBLIC 03-03-2015)

Em hipótese, todavia, de *perda da nacionalidade brasileira*, conforme art, 12, § 4º, da Constituição Federal, excepciona-se a admissibilidade da extradição. Com esta orientação:

EXTRADIÇÃO INSTRUTÓRIA. REGULARIDADE FORMAL. CRIME DE HOMICÍDIO QUALIFICADO. REQUISITOS LEGAIS ATENDIDOS. DEFERIMENTO CONDICIONADO. 1. Conforme decidido no MS 33.864, a Extraditanda não ostenta nacionalidade brasileira por ter adquirido nacionalidade secundária norte-americana, em situação que não se subsume às exceções previstas no § 4º, do art. 12, para a regra de perda da nacionalidade brasileira como decorrência da aquisição de nacionalidade estrangeira por naturalização. 2. Encontram-se atendidos os requisitos formais e legais previstos na Lei nº 6.815/1980 e no Tratado de Extradição Brasil-Estados Unidos, presentes os pressupostos materiais: a dupla tipicidade e punibilidade de crime comum praticado por estrangeiro. 3. Extradição deferida, devendo o Estado requerente assumir os compromissos de: (i) não executar pena vedada pelo ordenamento brasileiro, pena de morte ou de prisão perpétua (art. 5º, XLVII, a e b, da CF); (ii) observar o tempo máximo de cumprimento de pena possível no Brasil, 30 (trinta) anos (art. 75, do CP); e (iii) detrair do cumprimento de pena eventualmente imposta o tempo de prisão para fins de extradição por força deste processo.

(STF - Ext 1462, Relator(a): ROBERTO BARROSO, Primeira Turma, julgado em 28/03/2017, ACÓRDÃO ELETRÔNICO DJe-142 DIVULG 28-06-2017 PUBLIC 29-06-2017)

Viável, outrossim, a extradição do brasileiro naturalizado em apenas duas hipóteses (art. 83, § 5º): prática do crime em período anterior à naturalização; envolvimento em tráfico ilícito de entorpecentes e drogas afins, mesmo após a aquisição da nacionalidade brasileira. Esta segunda causa, antes ausente de nosso ordenamento jurídico, foi acolhida pelo novo regime constitucional, e tem por finalidade obstar que a naturalização seja utilizada para evitar a punição por crimes que se obrigou o Brasil a reprimir.

(b) Da dupla incriminação

Nos termos do art. 82, inciso II, da Lei 13.445/2017, para que seja concedida a extradição, indispensável é que o fato seja considerado crime não só no país que a requer, mas também no Brasil, de forma que não será admitida por condutas atítpicas ou que se subsumam apenas a ilícitos administrativos ou contravenções penais, em qualquer dos dois países. Neste sentido:
EXTRADIÇÃO PASSIVA - CARÁTER INSTRUTÓRIO - EXISTÊNCIA DE TRATADO BILATERAL DE EXTRADIÇÃO - POSTULADO DA DUPLA TIPICIDADE NÃO ATENDIDO NO QUE CONCERNE À CONDUTA CONSISTENTE EM PORTAR CHAVE DE FENDA E CANO DE PLÁSTICO - INSTRUMENTOS QUE NÃO SE AJUSTAM AO CONCEITO DE ARMA DE FOGO (ESTATUTO DO DESARMAMENTO) - FATO QUE OBSTA, QUANTO A TAL CONDUTA, O ACOLHIMENTO DO PEDIDO EXTRADICIONAL - OBSERVÂNCIA, NO ENTANTO, DO PRINCÍPIO DA DUPLA INCRIMINAÇÃO QUANTO AOS DELITOS DE LESÕES CORPORAIS LEVES E DE AMEAÇA - IMPOSSIBILIDADE, CONTUDO, DE DEFERIMENTO DA EXTRADIÇÃO QUANTO A REFERIDOS CRIMES, POR SE TRATAR DE DELITOS IMPREGNADOS DE MÍNIMA OFENSIVIDADE - EXTRADIÇÃO INDEFERIDA. EXTRADIÇÃO - DUPLA TIPICIDADE E DUPLA PUNIBILIDADE. - O postulado da dupla tipicidade - por constituir requisito essencial ao atendimento do pedido de extradição - impõe que o ilícito penal atribuído ao extraditando seja juridicamente qualificado como crime tanto no Brasil quanto no Estado requerente. - Na aferição do postulado da dupla tipicidade, mostra-se relevante a constatação da presença dos elementos estruturantes do tipo penal ("essentialia delicti"), tais como definidos nos preceitos primários de incriminação constantes da legislação brasileira e vigentes no ordenamento positivo do Estado requerente, independentemente da designação formal atribuída aos fatos delituosos. Precedentes. (STF - Ext 1145, Relator(a): CELSO DE MELLO, Tribunal Pleno, julgado em 18/12/2008, DJe-038 DIVULG 26-02-2009 PUBLIC

27-02-2009 EMENT VOL-02350-01 PP-00019 LEXSTF v. 31, n. 363, 2009, p. 339-361 RTJ VOL-00209-03 PP-01005)

Vedada a extradição, também, no caso de estar extinta a punibilidade pela prescrição, seja pela lei brasileira ou a do Estado requerente (art. 82, inciso VI, da Lei 13.445/2017).

O princípio da dupla incriminação impede, ainda, a extradição de menores de 18(dezoito) anos, despidos de capacidade penal, pois, pela legislação nacional, não cometem estes agentes crimes, mas atos infracionais (art. 103 da Lei 8.069 de 13 de julho de 1990 – Estatuto da Criança e do Adolescente).

c) Preferência da jurisdição nacional

A extradição somente poderá ser concedida quando não tiver o Estado brasileiro, de acordo com os artigos 5º e 7º, do Código Penal, competência para julgar o crime imputado ao extraditando (art. 82, inciso III, da Lei 13.445/2017).

A simples ausência da competência do Brasil, contudo, não basta, na medida em que este princípio se conjuga com o disposto pelo art. 83, inciso I, da Lei 13.445/2017, que impõe como condição para a extradição a competência judicial do Estado requerente, isto é, que o crime tenha sido cometido no território do Estado requerente ou que sejam aplicáveis ao extraditando as suas leis penais.

d) Princípio do *ne bis in idem*

Este princípio, acolhido pelo art. 82, inciso V, do mencionado diploma legal, reforça o da jurisdição nacional ao impedir a extradição do agente que estiver sendo processado, ou que já houver sido condenado no Brasil pelo mesmo fato em que se fundou o pedido.

A extradição não será vedada, no entanto, em relação a eventuais crimes conexos, desde que o Estado requerente se comprometa a não julgar o extraditando pelo crime que ensejou processo penal no Brasil.

e) Gravidade do fato

O direito brasileiro, conforme o disposto no art. 82, inciso IV, da Lei 13.445/2017, acolheu o princípio que veda a extradição pelos crimes de menor gravidade.

Para a aferição desta "menor gravidade" estabeleceu o legislador, como parâmetro, a pena abstratamente cominada ao delito em nosso ordenamento, isto é, se igual ou inferior a dois anos de privação da liberdade – que fixa a competência dos Juizados Especiais Criminais.

A sanção cominada é o único critério para a determinação da menor gravidade do delito, de forma que se permite a extradição por delitos culposos ou tentados, desde que a pena privativa de liberdade prevista seja superior a 02(dois) anos

Em relação às hipóteses de concurso de crimes (concurso material, formal e crime continuado), entendemos que devem ser consideradas, para fins de extradição, por analogia *in bonam partem* ao art. 119, do Código Penal, as penas de cada fato, isoladamente, pois, do contrário, poder-se-ia, eventualmente, permitir a extradição por delitos que pretendeu o legislador excluir da cooperação penal internacional.

f) Especialidade.

Segundo este princípio, o Estado requerente, nos termos do art.96, inciso I, da Lei 13.445/2017, não pode processar o extraditando ou executar condenação por fatos anteriores e distintos daqueles que motivaram o pedido.

Veda-se, portanto, a extensão da extradição a crimes a ela alheios.

g) Jurisdicionalidade

Este princípio, previsto pelo art. 82, inciso VIII, da Lei de migração, impõe que o extraditando seja julgado por um Tribunal ou Juízo da Justiça ordinária.

Trata-se de norma que deflui da garantia constitucional estampada pelo art. 5º, inciso XXXVII, da Constituição Federal, que veda a existência de Juízos ou Tribunais de exceção.

h) Exclusão de delitos políticos e de opinião

O art. 82, inciso VI, da lei 13.445/2017, veda a extradição por crimes políticos ou de opinião.

A proibição da extradição por crimes políticos, como ensina Rodriguez Mourullo, fundamenta-se em duas razões: a não ingerência nos conflitos políticos internos do Estado requerente e a circunstância de que, em Estados pouco afeitos às liberdades democráticas, fatos qualificados como delitos políticos não passam, em outros, de simples exercício de direitos individuais fundamentais[65].

A mesma razão impede a extradição pelos delitos de opinião, que, muitas vezes, constituem apenas a manifestação do pensamento, da convicção religiosa, filosófica ou política, ou o exercício da atividade de comunicação e do direito de crítica.

O caráter político da infração, entretanto, depende de apreciação e fixação pelo Supremo Tribunal Federal, que poderá não o reconhecer nas hipóteses de atentados contra Chefes de Estado ou quaisquer autoridades, bem como crime contra a humanidade, crime de guerra, crime de genocídio e terrorismo (art. 82 §§ 2º e 3º da Lei 6.815/80).

Em relação aos crimes militares não há, em nosso país, qualquer vedação legal à extradição, na medida em que não podem ser considerados crimes de orientação política.

Vedada não se encontra, também, a extradição pelos crimes cometidos por meio da imprensa, como a injúria, a difamação ou a calúnia contra particulares, e a apologia de crimes comuns, que não se confundem com a livre expressão do pensamento ou de opinião.

i) Exclusão de refugiado ou asilado

O reconhecimento da condição de refugiado, nos termos do art. 33, da Lei 9.474 de 22 de julho de 1997, também obsta o seguimento de qualquer pedido de extradição baseado nos fatos que fundamentam a concessão do refúgio, conforme art. 82, inciso IX, da Lei 13.445/2017:

EXTRADIÇÃO. DOCUMENTO DE REFUGIADO EXPEDIDO PELO ALTO COMISSARIADO DA ONU (ACNUR). CONARE. RECONHECIMENTO DA CONDIÇÃO DE REFUGIADO PELO MINISTRO DA JUSTIÇA. PRINCÍPIO DO NON REFOULEMENT. INDEFERIMENTO. 1. Pedido de extradição formulado pelo Governo da Argentina em desfavor do nacional argentino GUSTAVO FRANCISCO BUENO pela suposta prática dos crimes de privação ilegítima da liberdade agravada e ameaças. 2. No momento da efetivação da referida prisão cautelar, apreendeu-se, em posse do extraditando, documento expedido pelo Alto Comissariado da ONU para Refugiados - ACNUR dando conta de sua possível condição de refugiado. 3. O Presidente do Comitê Nacional para os Refugiados - CONARE atesta que o extraditando é um refugiado reconhecido pelo Governo Brasileiro, conforme o documento n. 326, datado de 12.06.1989. 4. O fundamento jurídico para a concessão ou não do refúgio, anteriormente à Lei 9.474/97, eram as recomendações do ACNUR e, portanto, o cotejo era formulado com base no amoldamento da situação concreta às referidas recomendações, resultando daí o deferimento ou não do pedido de refúgio. 5. O extraditando está acobertado pela sua condição de refugiado, devidamente comprovado pelo órgão competente - CONARE -, e seu caso não se enquadra no rol das exceções autorizadoras da extradição de agente refugiado. 6. Parecer da Procuradoria Geral da República pela extinção do feito sem resolução de mérito e pela imediata concessão de liberdade ao extraditando. 7. Extradição indeferida. 8. Prisão preventiva revogada. (STF - Ext 1170, Relator(a): ELLEN GRACIE, Tribunal Pleno, julgado em 18/03/2010, DJe-071 DIVULG 22-04-2010 PUBLIC 23-04-2010 EMENT VOL-02398-01 PP-00001 RTJ VOL-00214-01 PP-00011 LEXSTF v. 32, n. 377, 2010, p. 280-286 RT v. 100, n. 904, 2011, p. 512-515)

Será reconhecido como refugiado o indivíduo que: a) devido a fundados temores de perseguição por motivos de raça, religião, nacionalidade, grupo social ou opiniões políticas encontre-se fora de seu país de nacionalidade ou não possa ou não queira acolher-se à proteção de tal país; b) não tendo nacionalidade e estando fora do país onde antes teve residência habitual, não possa ou não queira regressar a ele, em função das circunstâncias acima discriminadas; c) devido a grave e generalizada violação de direitos humanos, é obrigado a deixar seu país de nacionalidade para buscar refúgio em outro país.

O asilo político, por sua vez, trata-se de ato discricionário do Estado que poderá ser diplomático ou territorial e será outorgado como instrumento de proteção à pessoa (art. 27, da Lei de Migração).

j) Comutação

De acordo com este princípio, acolhido pelo art. 96, inciso III, da Lei de Migração, quando para o delito que fundamenta o pedido de extradição há previsão, no Estado requerente, de aplicação de pena corporal, perpétua ou de morte, o seu deferimento fica condicionado à assunção do compromisso de comutação da sanção em pena privativa de liberdade, respeitado o limite máximo de 30(trinta) anos.

Neste sentido, aliás, já era pacífica a jurisprudência do STF inclusive na vigência do Estatuto do Estrangeiro, que não ressalvava – expressamente - as penas de caráter perpétuo:

EXTRADIÇÃO INSTRUTÓRIA. REGULARIDADE FORMAL. CRIME DE HOMICÍDIO QUALIFICADO. REQUISITOS LEGAIS ATENDIDOS. DEFERIMENTO CONDICIONADO. 1. Conforme decidido no MS 33.864, a Extraditanda não ostenta nacionalidade brasileira por ter adquirido nacionalidade secundária norte-americana, em situação que não se subsume às exceções previstas no § 4º, do art. 12, para a regra de perda da nacionalidade brasileira como decorrência da aquisição de nacionalidade estrangeira por naturalização. 2. Encontram-se atendidos os requisitos formais e legais previstos na Lei nº 6.815/1980 e no Tratado de Extradição Brasil-Estados Unidos, presentes os pressupostos materiais: a dupla tipicidade e punibilidade de crime comum praticado por estrangeiro. 3. Extradição deferida, devendo o Estado requerente assumir os compromissos de: (i) não executar pena vedada pelo ordenamento brasileiro, pena de morte ou de prisão perpétua (art. 5º, XLVII, a e b, da CF); (ii) observar o tempo máximo de cumprimento de pena possível no Brasil, 30 (trinta) anos (art. 75, do CP); e (iii) detrair do cumprimento de pena eventualmente imposta o tempo de prisão para fins de extradição por força deste processo.(Ext 1462, Relator(a): ROBERTO BARROSO, Primeira Turma, julgado em 28/03/2017, ACÓRDÃO ELETRÔNICO DJe-142 DIVULG 28-06-2017 PUBLIC 29-06-2017)

E M E N T A: EXTRADIÇÃO – REPÚBLICA POPULAR DA CHINA – DELITO DE CAPTAÇÃO ILÍCITA DE DEPÓSITOS DO PÚBLICO EM GERAL (CÓDIGO PENAL CHINÊS, ART. 176) – APARENTE CORRESPONDÊNCIA COM O CRIME TIPIFICADO NO ART. 16 DA LEI Nº 7.492/86 – OBSERVÂNCIA, NO CASO, DOS POSTULADOS DA DUPLA TIPICIDADE E, TAMBÉM, DA DUPLA PUNIBILIDADE – PREENCHIMENTO, POR IGUAL, DOS DEMAIS REQUISITOS DE EXTRADITABILIDADE – OCORRÊNCIA, NO ENTANTO, DE SITUAÇÃO QUE PERMITE VISLUMBRAR A CONCRETA POSSIBILIDADE DE IMPOSIÇÃO DE PENA DE PRISÃO PERPÉTUA (OU, ATÉ MESMO, DE PENA DE MORTE) – INVIABILIDADE DE FISCALIZAÇÃO, PELOS AGENTES CONSULARES DO BRASIL, DO FIEL CUMPRIMENTO, POR PARTE DAS AUTORIDADES CHINESAS, DO COMPROMISSO DE COMUTAÇÃO (INEXISTENTE NO CASO) DE REFERIDAS SANÇÕES PENAIS EM PENA ADMITIDA PELO ORDENAMENTO POSITIVO BRASILEIRO – RECONHECIMENTO, NA ESPÉCIE, A PARTIR DE PRECEDENTES FIRMADOS PELO SUPREMO TRIBUNAL FEDERAL (Ext 633/República da China, Rel. Min. CELSO DE MELLO – Ext 1.426/DF, Rel. Min. GILMAR MENDES – Ext 1.428/DF, Rel. Min. GILMAR MENDES), DA INCAPACIDADE DE O ESTADO REQUERENTE ASSEGURAR AO EXTRADITANDO OS DIREITOS INERENTES AO "DUE PROCESS OF LAW", NOTADAMENTE A GARANTIA DE UM JULGAMENTO JUSTO, IMPARCIAL E INDEPENDENTE – FATOS QUE INVIABILIZAM O DEFERIMENTO DO PLEITO EXTRADICIONAL – OBRIGAÇÃO QUE SE IMPÕE AO SUPREMO TRIBUNAL FEDERAL, POR EFEITO DE DETERMINAÇÃO CONSTITUCIONAL (CF, ART. 4º, II), DE FAZER PREVALECER, EM SITUAÇÕES COMO A ORA EM JULGAMENTO, O REGIME DOS DIREITOS HUMANOS E DAS LIBERDADES FUNDAMENTAIS, NOTADAMENTE EM SEDE PROCESSUAL PENAL – EXTRADIÇÃO INDEFERIDA. EXTRADIÇÃO E RESPEITO AOS DIREITOS HUMANOS – A essencialidade da cooperação internacional na repressão penal aos delitos comuns não exonera o Estado brasileiro – e, em particular, o Supremo Tribunal Federal – de velar pelo respeito aos direitos fundamentais do súdito estrangeiro que venha a sofrer, em nosso País, processo extradicional instaurado por iniciativa de qualquer Estado estrangeiro. O fato de o estrangeiro ostentar a condição jurídica de extraditando não basta para reduzi-lo a um estado de submissão incompatível com a essencial dignidade que lhe é inerente como pessoa humana e que lhe confere a titularidade de direitos fundamentais inalienáveis, entre os quais avulta, por sua insuperável importância, a garantia do "due process of law". Em tema de direito extradicional, o Supremo Tribunal Federal não pode nem deve revelar indiferença diante de transgressões ao regime das garantias processuais fundamentais. É que o Estado brasileiro – que deve obediência irrestrita à própria Constituição que lhe rege a vida institucional – assumiu, nos termos desse mesmo estatuto político, o gravíssimo dever de sempre conferir prevalência aos direitos humanos (CF, art. 4º, II). EXTRADIÇÃO E "DUE PROCESS OF LAW" O extraditando assume, no processo extradicional, a condição indisponível de sujeito de direitos, cuja intangibilidade há de ser preservada pelo Estado a quem foi dirigido o pedido de extradição. A possibilidade de ocorrer a denegação, em juízo penal instaurado perante Tribunais do Estado estrangeiro, das prerrogativas inerentes ao "due process of law", nos múltiplos contornos em que se desenvolve esse princípio assegurador dos direitos e da própria liberdade jurídica do acusado – como, p. ex., a garantia de ampla defesa, a garantia do contraditório, a igualdade entre as partes perante o juiz natural e a garantia de imparcialidade e de independência do magistrado processante – impede o deferimento do pedido extradicional (RTJ 134/56-58, Rel. Min. CELSO DE MELLO, v.g.). O Supremo Tribunal Federal não deve deferir o pedido de extradição, se o ordenamento jurídico do Estado requerente não se revelar capaz de assegurar aos réus, em juízo criminal, a garantia plena de um julgamento imparcial, justo, regular e independente. A incapacidade de o Estado requerente assegurar ao extraditando o direito ao "fair trial" atua como causa impeditiva do deferimento do pedido de extradição. EXTRADIÇÃO, PENA DE PRISÃO PERPÉTUA (OU DE MORTE) E COMPROMISSO DE COMUTAÇÃO – O ordenamento positivo brasileiro, nas hipóteses em que se delineia a possibilidade de imposição da pena de prisão perpétua (ou do "supplicium extremum"), impede a entrega do extraditando ao Estado requerente, a menos que este, previamente, assuma o compromisso formal de comutar, em pena privativa de liberdade não superior a 30 anos, aquelas sanções penais constitucionalmente vedadas, com ressalva, no que se refere à pena de morte, das situações em que a lei brasileira – fundada na Constituição da República (art. 5º, XLVII, "a") – permitir a sua aplicação, caso em que se tornará dispensável a exigência de comutação. Inexistência, na espécie, de qualquer compromisso formal, por via diplomática, do Estado requerente.

(Ext 1442, Relator(a): CELSO DE MELLO, Segunda Turma, julgado em 20/12/2019, ACÓRDÃO ELETRÔNICO DJe-022 DIVULG 04-02-2020 PUBLIC 05-02-2020)

6. PENA CUMPRIDA NO ESTRANGEIRO

A norma contida no art. 8º, do Código Penal, tem por finalidade afastar o *bis in idem* no tocante à punição do agente, no Brasil, já operada no estrangeiro pelo mesmo fato, atenuando, assim, o rigor do § 1º, do at. 7º, do Código Penal.

Inicialmente, deve-se observar que, se cumprida integralmente no estrangeiro a pena imposta, o dispositivo terá incidência, tão somente, para as hipóteses de extraterritorialidade incondicionada (art. 7º, inciso I, do Código Penal), pois para os casos de extraterritorialidade condicionada a aplicação da lei penal brasileira estará expressamente excluída pela regra da alínea "d", do § 2º, do art. 7º. Se, entretanto, houver cumprimento apenas parcial da pena aplicada, e o preenchimento dos demais requisitos do § 2º, do art. 7º, possível será a extraterritorialidade condicionada da lei brasileira, com a observância, então, do artigo ora em análise.

Sob a rubrica lateral "Pena cumprida no estrangeiro", cuidou o legislador penal brasileiro de duas hipóteses distintas: (a) cumprimento de pena, em território alienígena, de qualidade diversa da sanção imposta pela jurisdição brasileira; (b) cumprimento de pena, no exterior, de natureza idêntica à aplicada no Brasil.

Na primeira hipótese, a pena cumprida no estrangeiro servirá somente a atenuar, quando da fixação (concreta), a sanção imposta no Brasil. A atenuação, embora obrigatória, fica ao prudente arbítrio do Juiz com relação ao seu *quantum*, devendo a decisão, contudo, pese pertencer ao âmbito da discricionariedade judicial, ser fundamentada, nos termos do art. 93, inciso IX, da Constituição Federal.

Assim, por exemplo, se imposta e cumprida no exterior, em virtude do mesmo fato, pena restritiva de direitos, deverá esta circunstância, no Brasil, servir como atenuante à pena privativa de liberdade aplicável.

Na segunda hipótese, as penas aplicadas no exterior e no Brasil têm a mesma natureza, o que implica, para o cálculo final da pena a ser cumprida no Brasil, a realização de simples operação de desconto - detração.

Logo, se maior a pena aplicada no Brasil, cabe ao julgador nela computar o *quantum* cumprido no estrangeiro, como se aqui tivesse ocorrido o cumprimento. Se a pena aplicada pela jurisdição nacional, entretanto, for igual ou menor que a pena cumprida no estrangeiro, restará apenas o reconhecimento da inexistência de pena a cumprir e, consequentemente, a declaração da extinção da punibilidade do agente.

7– EFICÁCIA DA SENTENÇA ESTRANGEIRA

7.1. Pressupostos e Homologação

As sentenças penais estrangeiras, como regra, em virtude dos princípios da soberania nacional e da territorialidade, não comportam execução no Estado brasileiro.

Tal regra, contudo, por força do disposto no artigo 9º, do Código Penal, não é absoluta, pois admite exceções, previstas em seus incisos I e II, de efeitos limitados[66] se atendidos determinados pressupostos.

Como primeiro pressuposto para a homologação da sentença penal estrangeira apresenta-se, nos termos do art. 781, do Código de Processo Penal, a inexistência, na decisão alienígena, de ofensa à ordem pública e aos bons costumes nacionais.

A este pressuposto acrescenta-se a identidade de consequências em relação à lei brasileira, isto é, que *"aplicada a lei estrangeira ao caso decidido, as suas consequências sejam as mesmas, suscetíveis de produzir a lei brasileira, se fosse ela invocada para a solução da espécie de fato."*[67].

Presentes estes pressupostos, poderá a sentença ser submetida ao juízo de delibação do Superior Tribunal de Justiça (nos termos da EC n. 35 de 20 de dezembro de 2001), competente para a apreciação do pedido, conforme previsão do art. 105, inciso I, alínea "i", da Constituição Federal, que os apreciará e proferirá decisão homologatória, se preenchidos os requisitos de ordem externa e interna, previstos pelo art. 788, do Código de Processo Penal e no art. 216, do Regimento Interno do STJ.

Os requisitos de ordem externa, estabelecidos pelos incisos I, V e

VI, do art. 788, do Código de Processo Penal, consistem em estar a sentença revestida das formalidades externas necessárias à formação do título executivo, segundo a lei do país de origem (inciso I), estar devidamente autenticada por cônsul brasileiro (inciso V) e acompanhada de tradução, feita por tradutor público (inciso VI).

A estes se somam os requisitos internos, discriminados pelos incisos II e III, do mesmo artigo do estatuto processual, que exigem haver sido proferida a sentença por juiz competente, mediante citação regular, segundo a legislação de origem (inciso II), e de ter transitado em julgado (inciso III).

A apresentação de carta de sentença, como lembra Espínola Filho[68], não constitui formalidade indispensável à homologação, pois há legislações em que tal figura processual inexiste.

Ausentes tais requisitos, o pedido de homologação deve ser indeferido:

SENTENÇA ESTRANGEIRA CONTESTADA. INSTITUTO JURÍDICO SEMELHANTE À TRANSAÇÃO PENAL. IMPOSSIBILIDADE. ILEGITIMIDADE ATIVA DA PESSOA JURÍDICA QUE SOFREU OS EFEITOS CIVIS DO ACORDO. REQUISITOS PARA HOMOLOGAÇÃO DA SENTENÇA ESTRANGEIRA. NÃO PREENCHIMENTO. AUSÊNCIA DE CERTEZA QUANTO ÀS OBRIGAÇÕES FIXADAS NA SENTENÇA ESTRANGEIRA.

1. A homologação, em país estrangeiro, de acordo semelhante à transação penal pátria, gera efeitos civis capazes de legitimar a vítima ou o terceiro prejudicado a executar civilmente o julgado, mas não tem o condão de impedir que a pessoa jurídica que assume a responsabilidade pelos danos causados às vítimas seja demandada.

Inteligência do art. 9º, I, do Código Penal e do art. 790 do Código de Processo Penal.

2. É indevida a homologação de sentença estrangeira que não atenda os requisitos previstos no art. 15 da Lei de Introdução às Normas do Direito Brasileiro e nos arts. 216-A a 216-N do RISTJ, ou que ofenda a soberania nacional, a ordem pública e a dignidade da pessoa humana (LINDB, art. 17; RISTJ, art. 216-F).

3. Admite-se a homologação parcial da sentença que contempla acordo penal com fins civis, em relação apenas aos parentes das vítimas que participaram do ato perante o Juízo estrangeiro. No entanto, não sendo fixados os termos do acordo quanto à reparação dos danos, carece a sentença estrangeira de certeza, com o quê deixa de atender os requisitos legais da legislação nacional.

4. Pedido de homologação da sentença estrangeira que deve ser indeferido.(SEC 7.693/EX, Rel. Ministro RAUL ARAÚJO, CORTE ESPECIAL, julgado em 05/04/2017, DJe 25/04/2017)

7.2. Hipóteses e Efeitos

Como afirmamos, a homologação da sentença penal estrangeira é permitida apenas para duas hipóteses, com finalidades específicas: (a) obrigar o condenado à reparação do dano, a restituições e a outros efeitos civis; (b) sujeitá-lo a medida de segurança.

A primeira hipótese refere-se aos *efeitos civis* da sentença penal condenatória, que consistem, entre outras, em tornar certa a obrigação de reparar o dano, sujeitando-a, tão somente, ao processo de liquidação, às restituições relativas aos instrumentos, vantagens ou produto do crime, e demais efeitos, tais como a exclusão do herdeiro ou legatário por indignidade (1814 do Código Civil) e a incapacidade para o exercício do poder familiar, tutela ou curatela. Visa a atender, portanto, interesses privados.

O pedido, aqui, deve ser formulado ao Superior Tribunal de Justiça pela pessoa interessada, regularmente representada por advogado. No caso de morte ou ausência judicialmente declarada da pessoa legitimada, o direito de pleitear a homologação, nos termos do art. 31, do Código de Processo Penal, aplicável à hipótese por analogia, caberá ao cônjuge, ascendente, descendente ou irmão. Tratando-se de pobre na acepção jurídica do termo, poderá o Ministério Público, a requerimento do interessado, ajuizar a postulação (art. 68, do Código de Processo Penal).

Na segunda hipótese, como sustenta Nelson Hungria[69], o que prevalece é o interesse público nacional, pois não há *"apenas restrita adesão ao princípio de assistência internacional na luta contra o crime, senão também a necessidade de defesa de nossa própria ordem jurídica, pois visa a contribuir para neutralizar a capacidade de delinquir ou a periculosidade do indivíduo julgado, que veio a ter ingresso no território brasileiro"*.

Por ser indispensável que haja identidade de consequências entre a lei estrangeira e a brasileira, passíveis de homologação são somente as decisões alienígenas que aplicam medidas de segurança aos inimputáveis, pois aos imputáveis a legislação brasileira não admite esta espécie de reação penal.

Em se tratando de sentença proferida por país que mantenha tratado de extradição com o Brasil, poderá o Procurador Geral da República, nos termos do art. 789, *caput*, do Código de Processo Penal, desde logo, requerer a homologação. Não havendo, contudo, tratado de extradição com o Estado do qual emanou a sentença, a iniciativa do Procurador-Geral ficará sujeita à requisição do Ministro da Justiça, que constitui, portanto, verdadeira condição de procedibilidade do pedido.

A competência, nos termos do art. 109, inciso X, da Constituição Federal, c.c. art. 789 § 7º, do Código de Processo Penal, para a execução das sentenças estrangeiras, homologadas pelo Superior Tribunal de Justiça, cabe ao Juiz Federal do lugar de residência de seu sujeito passivo.

Além destes efeitos, admite a legislação nacional, para a sentença penal estrangeira, outros, que independem de homologação.

Assim, pode impedir a extraterritorialidade condicionada, como vimos ao tratarmos do art. 7º, do Código Penal (§2º, alíneas "d" e "e"). Por outro lado, a condenação por crime em território alienígena, nos termos do art. 63, do Código Penal, pode gerar reincidência; nesta hipótese, impede-se, nos termos do art. 77, inciso I, do mesmo diploma legal, a concessão de suspensão condicional da pena e, nos termos do art. 83, inciso II, condiciona a concessão de livramento condicional ao cumprimento de metade da sanção privativa de liberdade imposta.

IV – PRAZOS PENAIS

Art. 10 - O dia do começo inclui-se no cômputo do prazo. Contam-se os dias, os meses e os anos pelo calendário comum.

Ao contrário dos prazos processuais[70], na contagem dos prazos penais (de cumprimento de pena, prescricional, decadencial, do livramento condicional, etc.) computa-se o dia do começo, não havendo prorrogação automática por, eventualmente, ocorrer o seu término em domingos ou feriados.

Nos termos do art. 10, do Código Penal, iniciado o prazo, este será contado pelo calendário comum, ou gregoriano, no qual o dia encerra o lapso temporal compreendido entre a meia-noite (0:00 hs.) e meia-noite (24:00 hs.), e o mês, não pelo efetivo número de dias que possuir (28, 29, 30 ou 31), mas de determinado dia à véspera do mesmo dia do mês subsequente. O mesmo ocorre, por consequência, em relação aos anos, que podem ter 365 ou 366 dias.

Assim, a título de exemplo, incluído o dia do começo em um prazo penal de 15(quinze) dias, iniciado às 23:00 horas do dia 12, findar-se-á à meia-noite do dia 26 do mesmo mês.

De igual modo, se uma pena de um ano de detenção, tiver como início de cumprimento o dia 03 de janeiro, o seu término será verificado em 02 de janeiro do ano seguinte, ainda que o prazo penal tenha decorrido em ano bissexto.

A mesma forma de contagem deve ser efetivada para verificação da prescrição ou decadência:

PRAZO DECADENCIAL. CONTAGEM DE ACORDO COM O ARTIGO

10 DO CP.QUEIXA-CRIME OFERECIDA APÓS O SEU DECURSO. CAUSA DE EXTINÇÃO DA PUNIBILIDADE. MATÉRIA DE ORDEM PÚBLICA. HABEAS CORPUS CONCEDIDO DE OFÍCIO.

1. Por estar relacionado com causa de extinção da punibilidade, o prazo decadencial para o oferecimento da queixa-crime é contado de acordo com a regra do artigo 10 do Código Penal, incluindo-se no cômputo o dia do começo. Precedentes.

2. Tendo a querelante tomado ciência da suposta declaração caluniosa no próprio momento no qual foi proferida, aos 12.5.2008, o termo final do prazo decadencial verificou-se aos 11.11.2008, razão pela qual deve ser declarada a extinção da punibilidade da paciente, já que a queixa-crime foi oferecida apenas aos 12.11.2008.

3. Writ não conhecido. Habeas corpus concedido de ofício para declarar extinta a punibilidade da paciente, com fundamento no artigo 107, inciso IV, do Código Penal. (STJ - HC 139.937/BA, Rel. Ministro JORGE MUSSI, QUINTA TURMA, julgado em 19/11/2009, DJe 15/12/2009)

PRESCRIÇÃO. O DIA DO COMECO INCLUI-SE NO COMPUTO DO PRAZO (ART. 8 DO COD. PENAL). ASSIM ESTE TERMINA, NÃO NO DIA IDENTICO DO MES E ANO SEGUINTE, MAS A MEIA-NOITE DO DIA ANTERIOR. DIFERENÇA DA CONTAGEM DOS PRAZOS NO CÓDIGO PENAL E NO CÓDIGO DE PROCESSO PENAL. HABEAS CORPUS CONCEDIDO. (STF - HC 45648, Relator(a): ADALÍCIO NOGUEIRA, Relator(a) p/ Acórdão: EVANDRO LINS, Segunda Turma, julgado em 27/08/1968, DJ 25-10-1968 PP-04409 EMENT VOL-00744-03 PP-00893)

Por força deste dispositivo, vedado está ao julgador a fixação de penas, ou demais prazos penais, iguais ou superiores a 01(um) mês, em dias – por exemplo, 65 (sessenta e cinco) dias de detenção, ao invés de 02(dois) meses e 05 (cinco) dias de detenção - ou iguais ou superiores a 01(um) ano em meses ou dias – em substituição a 01(um) ano e 01(um) mês de detenção, 395(trezentos e noventa e cinco) dias ou 13(treze) meses de detenção.

V – FRAÇÕES NÃO COMPUTÁVEIS DA PENA

Frações não computáveis da pena

Art. 11 - Desprezam-se, nas penas privativas de liberdade e nas restritivas de direitos, as frações de dia, e, na pena de multa, as frações de cruzeiro.

Com redação praticamente idêntica à do art. 9º Código Penal de 1940, o legislador da nova Parte Geral do Código Penal (art. 11) manteve a opção, benéfica ao réu, de desprezo às frações da pena, quando de sua aplicação.

Assim, na fixação das penas privativas de liberdade, desprezam-se as frações de dia, que são as horas.

Logo, tendo o julgador, hipoteticamente, de aumentar de um terço a pena de 20(vinte) dias de detenção, a fixará em 26(vinte e seis) dias, e não em 26(vinte e seis) dias e 8(oito) horas, como imporia o cálculo meramente aritmético. As horas insuficientes a completar um dia são desprezadas no momento da aplicação da sanção.

O mesmo critério foi adotado quanto às penas restritivas de direitos, o que se apresenta, contudo, de todo desnecessário, pois sendo estas sanções substitutivas da pena privativa de liberdade, a operação de desprezo das frações já será exigida – e realizada – quando da fixação da pena substituída.

Em relação à pena de multa, desprezam-se as frações da unidade monetária, que são os centavos, na oportunidade de sua liquidação. Ao referir-se o artigo em questão a cruzeiro, pretendeu indicar, tão somente, o padrão monetário então em vigor, não influindo, a adoção de nova moeda, no campo penal.

Com referência ao dia-multa, apresentam-se duas situações: (a) aplicação como medida substitutiva à pena privativa de liberdade; (b) aplicação isolada ou cumulativa com outra espécie de pena.

A primeira hipótese não encerra qualquer dificuldade, pois, conforme já ressaltamos no tocante às penas restritivas de direitos, o desconto da fração será efetivado no momento da fixação da pena substituída, não havendo espaço, desse modo, para a existência de fração de dia-multa.

Dúvida poderá surgir, todavia, na hipótese de aplicação, para a infração, de pena de multa, cominada isolada ou cumulativamente, pois a ela não houve referência por parte do legislador.

Cremos que, neste caso, deve-se seguir o princípio geral de desprezo pelas frações.

Em primeiro lugar porque a legislação penal não conhece a fração de dia-multa, constituindo este a menor unidade, portanto indivisível, desta espécie de pena.

Além disso, não admitindo a legislação penal frações das demais espécies de sanções penais, não haveria sentido em computá-las apenas na pena pecuniária, especialmente se considerarmos que, na multa substitutiva, que dela não possui qualquer distinção ontológica, opera-se o desprezo. Tal procedimento constituiria verdadeira contradição, que infringiria a lógica do sistema.

Em regra, portanto, as frações de dia, da unidade monetária em vigor, e dos dias-multa, quando da fixação da pena, devem ser excluídas pelo julgador, salvo expressa disposição em contrário em lei especial.

VI – A FUNÇÃO DA PARTE GERAL

Legislação especial

Art. 12 - As regras gerais deste código aplicam especial se aos fatos incriminados por lei especial, se esta não dispuser de modo diverso.

A Parte Geral do Código Penal trata das características essenciais do delito, comuns a todos os fatos puníveis[71], de suas consequências jurídicas, e de institutos jurídicos gerais, como a legítima defesa, o estado de necessidade, caracteres da autoria e participação, prescrição, decadência, etc.

Como sustenta Roxin, a Parte Geral é um produto da abstração, pois contém tudo o que dos pressupostos e consequências da atuação punível pode-se antepor aos delitos concretamente descritos na Parte Especial[72].

Trata-se, portanto, de um conjunto de princípios ou vetores, que apontam sempre para o mesmo sentido, que tem por função e finalidade a estruturação do sistema de direito penal e que convergem, como partes, para a estruturação desse todo.

Os princípios e regras gerais estabelecidos pela Parte Geral aplicam-se, portanto, não somente aos delitos capitulados pela Parte Especial, mas também às demais leis penais incriminadoras, pois servem a estruturar o sistema de direito penal brasileiro.

A aplicabilidade das disposições contidas na Parte Geral às leis especiais somente poderá ser excluída se estas contiverem, para a regulação dos fatos a elas sujeitos, regras expressas, específicas, incompatíveis com as gerais.

Assim, por exemplo, ao cominar lei especial pena privativa de liberdade a determinado delito, esta será aplicada e executada de acordo com as normas da Parte Geral que regulam esta espécie de pena (possibilidade de substituição, regime inicial, requisitos para o livramento condicional), salvo se e no que dispuser de modo diverso.

As regras especiais, entretanto, em virtude da hierarquia entre as leis, que deve ser obedecida, somente poderão contrariar as gerais quando estas não reproduzirem ou concretizarem um *princípio ou garantia constitucional.*

Logo, a lei especial, somente por esta circunstância, não pode, por hipótese, excluir de forma expressa a incidência do art. 1º, do Código Penal, e admitir a analogia para incriminação de condutas, pois o princípio da legalidade, além de estar previsto pelo direito penal geral, constitui um princípio constitucional pertencente ao núcleo irreformável da Constituição.

Em regra, portanto, as normas da Parte Geral são aplicáveis a todos os fatos puníveis[73], previstos no Código Penal e leis especiais; se estas contiverem normas diversas, expressas, afastar-se-á a incidência da norma geral, salvo se aquelas contiverem vícios de inconstitucionalidade.

BIBLIOGRAFIA

ABBAGNANO, Nicola. *Dicionário de filosofia*. 3ªed. São Paulo-SP: Martins Fontes, 1998.
ANDREUCCI, Ricardo Antunes. *Direito Penal e Criação Judicial*. São Paulo -SP: Revista dos Tribunais, 1989.
BRUNO, Aníbal. *Direito penal, parte geral*, v. I, tomos I. Rio de Janeiro-RJ: Editora Nacional de Direito, 1965.
CARVALHO, Américo A. Taipa de. *Sucessão das Leis Penais*. Coimbra: Coimbra Ed., 1990.
COSTA JR., Paulo José da. *Comentários ao código penal*, v. I., 2ª ed., São Paulo-SP: Saraiva, 1987.
DEL ROSAL, M. Cobo e VIVES ANTÓN, T.S. *Derecho Penal, Parte General*, 3ª ed. Valencia: Tirant lo Blanch – Derecho, 1991.
ENGISCH, Karl. *Introdução ao pensamento jurídico*, 6ª ed., Lisboa: Fundação Calouste Gulbenkian, 1988.
ESPINAR, José Miguel Zugaldía. *Fundamentos de Derecho Penal*, 3ª ed., Tirante lo Blanc. Valencia, 1993.
ESPÍNOLA FILHO, Eduardo. *Código d Processo Penal Brasileiro Anotado*, v. IX. Campinas-SP: Bookseller, 2000.
GARCIA, Basileu. *Instituições de direito penal*. 4ª ed. São Paulo: Max Limonad, 1959.
HUNGRIA, Nelson. *Comentários ao código penal*, v. I,, tomos I e II. 4ª ed. Rio de Janeiro-RJ: Forense, 1958.
JESUS, Damásio Evangelista de. *Direito Penal, Parte Geral*, 19ª ed., São Paulo-SP: Saraiva, 1995.
KAUFMANN, Artur. *Introdução à Filosofia do Direito e à Teoria do Direito Contemporâneas*. Lisboa: Fundação Calouste Gulbekian, 2002.
LOPES, Maurício Antonio Ribeiro. *Princípio da legalidade penal*. São Paulo -SP: Revista dos Tribunais, 1994.
MACHADO, Luiz Alberto. *Direito Criminal*. São Paulo-SP: Revista dos Tribunais, 1987.
MARQUES, José Frederico. *Tratado de Direito Penal*, v. I, II, Campinas-SP: Bookseller, 1997.
MOREIRA, Luis. *Fundamentação do Direito em Habermas*, 3ª ed. Mandamentos: Belo Horizonte, 2004.
MOURULLO, Gonzalo Rodriguez. *Derecho penal, parte general*. Madrid: Civitas, 1978.
NUVOLONE, Pietro. *O Sistema de Direito Penal*. São Paulo: Revista dos Tribunais, 1991.
ORDEIG, Emrique Gimbernat. *Conceito e Método da Ciência do Direito Penal*. São

Paulo: Revista dos Tribunais, 2002.
REALE, Miguel. *Introdução à Filosofia*, 3ª ed. São Paulo: Saraiva, 1994.
REALE JR, Miguel. *Parte Geral do Código Penal – Nova Interpretação*. São Paulo-SP: Revista dos Tribunais, 1988.
REZEK, José Francisco. *Direito Internacional Público*. 2ª ed. São Paulo: Saraiva, 1991.
ROXIN, Claus. *Derecho penal, parte general*, tomo I, Madrid: Civitas, 1997.
----------------, ARTZ, G. e TIEDEMANN, K. *Introducción al derecho penal y al derecho processual penal*. Barcelona: Ariel, 1989.
SCHOPENHAUER, Arthur. *O mundo como vontade e como representação*, 2ª reimp. São Paulo: UNESP, 2005,
SILVA FRANCO, Alberto *et allii*. *Código Penal e sua Interpretação Jurisprudencial*. 5ª ed., 2ª tiragem. São Paulo-SP: Revista dos Tribunais, 1995
SLAIB FILHO, Nagib. *Anotações à Constituição de 1998*. 4ª ed. Rio de Janeiro: Forense. 1993.
TOLEDO, Francisco de Assis. *Princípios básicos de direito penal*, 4ª ed. São Paulo-SP: Saraiva, 1991.
WELZEL, Hans. *Derecho penal aleman*. 4ª ed. Santiago: Editorial Jurídica de Chile, 1997.
------------------. *Estúdios de Filosofia del Derecho y Derecho Penal*, pp. 220-221 e 247. Buenos Aires: B de F, 2006.
ZAFFARONI, Eugenio Raúl. *Tratado de Derecho Penal – Parte General*, v. I, III e IV. Buenos Aires: Ediar, 1998.
---------------- & PIERANGELLI, José Enrique. *Manual de Direito Penal Brasileiro*, parte geral, 3ª ed., p. 859. São Paulo: RT, 1992.

---

[1] Luiz Moreira bem observa que no Estado moderno "os *sujeitos* constituem uma ordem estatal marcada pela associação entre livres e iguais definida em termos jurídicos (...). Os direitos subjetivos implicam *reciprocidade* na articulação do conceito moderno de *liberdade*. Como são recíprocos, a estrutura dos direitos denota uma constituição *intersubjetiva*, pois somente em uma relação interpessoal se faz possível o reconhecimento da co-autoria do ordenamento jurídico. Co-autores *livres* e *iguais* que concebem uma reciprocidade de direitos e obrigações comuns a todos os sujeitos de direito [e, portanto, responsabilidade]. O sujeito de direito passa a ser co-fundador de um aparato normativo recíproco *universalmente imputável* e sua *faculdade* para a *ação*, uma titularidade subjetiva que se constitui como titularidade de direitos" (*Fundamentação do Direito em Habermas*, 3ª ed., p. 173. Mandamentos: Belo Horizonte, 2004).

[2] *Dicionário de Filosofia*, 3ª ed., pp. 612-13. São Paulo: Martins Fontes, 1998.

[3] *Fundamentação do Direito em Habermas*, 3ª ed., p. 37.

[4] No direito penal, o principal expoente de oposição e contestação ao absolutismo foi Cesare Bonecasa, o Marquês de Beccaria, que com seu manifesto *"Dos Delitos e das Penas"*, escrito em 1764, iniciou a luta pelos direitos e garantias individuais contra o poder absoluto.
Em sua obra, que orientou toda a remodelação do sistema penal, opôs-se Beccaria, de forma veemente, às penas cruéis, à tortura como forma de investigação, à pena de morte e à prisão

provisória imotivada, tendo realçado a necessidade da determinação legal da pena – princípio da legalidade – e de sua proporcionalidade em relação ao delito praticado.

[5] ARTZ, G e TIEDMANN, K. *Introducción ao Derecho Penal y al Derecho Processual Penal.*, p. 73. Barcelona: Ariel, 1989.

[6] O princípio da legalidade geral foi acolhido por todas as Constituições brasileiras. A Constituição Imperial de 1824 consagrou-o em seu art. 179, inciso XII; a primeira Constituição Republicana no art. 72 § 15; a de 1934 no art. 113, inciso 26; a de 1946 no art. 145 § 25 e a de 1967 no art. 150, § 16. Nem mesmo a reforma constitucional imposta pelo regime ditatorial militar aboliu-o, pois através da Emenda Constitucional nº 1, de 17.10.69, admitiu a reserva legal em seu art. 153 § 16.

[7] *Anotações à Constituição de 1988*, 4ª ed., p. 178. Rio de Janeiro: Forense, 1993.

[8] Ricardo Antunes Andreucci. *Direito Penal e Criação Judicial*, p. 11. São Paulo: RT, 1989.

[9] *Princípio da Legalidade*, p. 53. São Paulo: RT, 1994

[10] Paulo José da Costa Júnior. *Comentários ao Código Penal*, v. I, p. 2. São Paulo: Saraiva, 1987. Afirma este autor que a função garantidora do princípio da legalidade é irrecusável e insubstituível.

[11] DEL ROSAL, M. Cobo e VIVES ANTÓN, T.S. *Derecho Penal, Parte General*, 3ª ed., p. 285. Valencia: Tirant lo Blanch – Derecho, 1991

[12] *Derecho Penal Aleman*, 4ª ed., p. 38. Santiago: Editorial Juridica de Chile, 1997.

[13] "O resultado, de que depende a existência do crime, somente é imputável a quem lhe deu causa. Considera-se causa a ação ou omissão sem a qual o resultado não teria ocorrido".

[14] Posicionamento semelhante já era adotado por Arthur Schopenhauer: "Para o Estado, portanto, o ato, a ocorrência é a única coisa real; a disposição íntima, a intenção é investigada tão-somente na medida em que, a partir dela, conhece-se a significação do ato. Por isso o Estado não proibirá ninguém de portar continuamente pensamentos sobre assassinato e envenenamento, desde que saiba com certeza que o medo do carrasco e da guilhotina a todo momento obstarão os efeitos desse querer. Noutros termos, o Estado de modo algum tem o plano tolo de eliminar a disposição má para a prática da injustiça, mas apenas contrapõe a cada motivo possível para cometer injustiça um outro mais poderoso ainda que leve ao abandono do primeiro, vale dizer, a punição inexorável. De acordo com o dito, o código penal é um registro o mais completo possível de contramotivos opostos a todas as ações criminais presumíveis – tudo isso *in abstracto*, para fazer aplicação *in concreto* quando o caso ocorrer" (*O mundo como vontade e como representação*, 2ª reimp., pp. 440-41. São Paulo: UNESP, 2005).

[15] "A problemática da filosofia do direito ao longo da história". *Introdução à Filosofia do Direito e à Teoria do Direito Contemporâneas*, p. 89. Lisboa: Fundação Calouste Gulbekian, 2002. Esta ideia encontrou desenvolvimento em Christian Thomasius, discípulo de Pufendorf, para quem o *dever externo* pertence ao Direito, enquanto que o *dever interno* encontra o seu campo na moral. Somente o dever moral é um dever de consciência; o dever externo do Direito, ao contrário, é um dever coativo baseado no temor fundado na coação exercida por outros homens – a sociedade. O Direito – segundo Thomasius – "se ocupa somente das ações exteriores do homem, porém não penetra no que está escondido no peito deste e não se exterioriza mediante algum efeito, ou de uma maneira perceptível". O Direito, portanto, ocupa-se, em sua maior parte, dos *comportamentos humanos exteriores* (WELZEL, Hans. *Estúdios de Filosofia del Derecho y Derecho Penal*, pp. 220-221 e 247. Buenos Aires: B de F, 2006).

[16] *Derecho Penal – Parte General*, t. I, p. 145. Madrid: Civitas, 1997.

[17] *Direito penal, parte geral*, 19ª ed., São Paulo: Saraiva, 1995.p. 22.

[18] Luiz Alberto Machado. *Direito Criminal, parte geral*, p. 50. São Paulo: RT, 1987.

[19] *Princípios Básicos de Direito Penal*, 4ª ed., p. 25. São Paulo: Saraiva, 1991.

[20] *Introdução ao Pensamento Jurídico*, 6ª ed., p. 239. Lisboa: Fundação Calouste Gulbenkian, 1988.

[21] Em nosso ordenamento jurídico, salvo disposição em contrário, as leis somente passam a possuir plena eficácia quarenta e cinco dias após a sua publicação, conforme art. 1º, da Lei de Introdução às Normas do Direito Brasileiro.

[22] Maurício Antonio Ribeiro Lopes. *Princípio da Legalidade*, p. 128.

[23] *Parte Geral do Código Penal, nova interpretação*, p. 20 e 21. São Paulo: RT, 1988.

[24] Dispunha o art. 159, do Código Civil de 1916: Aquele que, por ação ou omissão voluntária, negligência, ou imprudência, violar direito, ou causar prejuízo a outrem, fica obrigado a reparar o dano. Disposição semelhante, porém mais ampla, consta do novo Código Civil, art. 186: "Aquele que, por ação ou omissão voluntária, negligência ou imprudência, violar direito ou causar dano a outrem, ainda que exclusivamente moral, comete ato ilícito".

[25] *O Sistema de Direito Penal*, p. 29.

[26] Miguel Reale. *Introdução à Filosofia*, 3ª ed., p. 108. São Paulo: Saraiva, 1994.

[27] Em relação às circunstâncias atenuantes o legislador brasileiro reconheceu de forma expressa a possibilidade da analogia *in bonam partem*, ao dispor, no art. 66, do Código Penal: "A pena poderá ser atenuada em razão de circunstância relevante, anterior ou posterior ao crime, embora não prevista expressamente em lei".

[28] *Direito Penal*, p. 44.

[29] *Conceito e Método da Ciência do Direito Penal*, p. 61. São Paulo: RT, 2002.

[30] *Fundamentos de Derecho Penal*, 3ª ed., Tirante lo Blanc, p. 299.

[31] Normas penais em branco impróprias são aquelas em que o complemento de seu conteúdo é emanado da mesma fonte formal - Poder Legislativo - da norma penal. O complemento, embora se ache em outra lei, não penal, é formulado pelo mesmo legislador que tem competência constitucional para estatuir sobre o direito punitivo (Frederico Marques, *Tratado de Direito Penal*, v. I, p. 189).

[32] *Manual de Direito Penal Brasileiro*, parte geral, 3ª ed., p. 859. São Paulo: RT, 1992.

[33]

[34] O Supremo Tribunal Federal, entretanto, fixou o entendimento no sentido de que o tempo de duração da medida de segurança não poderá ultrapassar o limite máximo de trinta anos, aplicando-se à questão o disposto no art. 75, do CP. Atingido tal prazo, se ainda presente a periculosidade do agente, a medida de segurança deverá ser extinta, transferindo-se o paciente para hospital psiquiátrico em regime de internação involuntária (**HC 97621**, Relator(a): Min. CEZAR PELUSO, Segunda Turma, julgado em 02/06/2009, DJe-118 DIVULG 25-06-2009 PUBLIC 26-06-2009 EMENT VOL-02366-03 PP-00592; **HC 98360**, Relator(a): Min. RICARDO LEWANDOWSKI, Primeira Turma, julgado em 04/08/2009, DJe-200 DIVULG 22-10-2009 PUBLIC 23-10-2009 EMENT VOL-02379-06 PP-01095; **RHC** 100383, Relator(a): Min. LUIZ FUX, Primeira Turma, julgado em 18/10/2011, DJe-210 DIVULG 03-11-2011 PUBLIC 04-11-2011 EMENT VOL-02619-01 PP-00001. O STJ, por sua vez, mediante a sua **súmula n. 527**, sedimentou o entendimento no sentido de que o prazo máximo da medida de segurança não Idem, p. 125.
pode ultrapassar o limite de pena abstratamente cominada ao delito: "*O tempo de duração da medida de segurança não deve ultrapassar o limite máximo da pena abstratamente cominada ao delito praticado*".

[35] A Nova Parte Geral do Código Penal estabeleceu apenas medidas de segurança para os inimputáveis ou "semi-imputáveis", que atingem eminentemente o direito de ir e vir de seu sujeito passivo. Foram excluídas, com a reforma, as medidas de segurança patrimoniais e as pessoais não detentivas, que vigoravam no regime anterior.
Duas foram as espécies de medidas de segurança admitidas pelo novo sistema: a *internação* e o *tratamento ambulatorial*.
A primeira, medida detentiva, consiste na internação do indivíduo em hospital de custódia e tratamento ou, à falta deste, em estabelecimento adequado.
Por *estabelecimento adequado* deve-se entender aquele que permita a execução de tratamento curativo ao indivíduo, que possibilite tentativa de reduzir a sua periculosidade e reintegrá-lo à sociedade.
Desse modo, à eventual falta de hospital de custódia e tratamento, não se pode prosseguir o cumprimento da medida de segurança em cadeia pública, casa de detenção ou penitenciária, pois tais estabelecimentos, à evidência, não oferecem qualquer hipótese de tratamento do inimputável ou semi-imputável, não são adequados para esta finalidade.

[36] *Princípios Básicos de Direito Penal*, pp. 41-42.

[37] *Princípio da Legalidade Penal,* p. 88. São Paulo: RT, 1994.

[38] *Código Penal e sua Interpretação Jurisprudencial*, 5ª ed., 2ª tir., p. 45. São Paulo: RT, 1995.

[39] *Sucessão das Leis Penais*, p. 145. Coimbra: Coimbra Editora, 1990.

[40] *Direito Penal, Parte Geral*, 19ª ed., p. 82. São Paulo: Saraiva, 1995.

[41] *Tratado de Direito Penal*, v. II, p. 256. Campinas: Bookseller, 1997.

[42] *Instituições de Direito Penal*, 4ª ed., v. I, tomo I, pp. 148/149. São Paulo: Max Limonad, 1959.

[43] **HC 103.153/MS** – Rel. Min. Cármen Lúcia, j. 03.8.2010, Informativo 594, 1ª Turma. No mesmo sentido já se posicionou a 2ª Turma do STF: "1. Habeas Corpus . 2. Fixação da pena-base acima do mínimo legal. Circunstâncias desfavoráveis. Decisão fundamentada. 3. Aplicação da causa especial de diminuição de pena prevista no § 4º do art. 33 da Lei n. 11.343/2006 à pena cominada nos arts. 12 e 14 da Lei n. 6.368/76. Combinação de leis. Impossibilidade. 4. Demora no julgamento do HC n. 149.220 no STJ. Constrangimento ilegal configurado. 5. Ordem parcialmente deferida." (**HC 103833**, Relator(a): Min. GILMAR MENDES, Segunda Turma, julgado em 23/11/2010, DJe-243 DIVULG 13-12-2010 PUBLIC 14-12-2010 EMENT VOL-02450-01 PP-00114);

[44] Compilação dos Boletins Informativos do STF, ns. 643 a 646. Em conclusão de julgamento, o Plenário, ante empate na votação, desproveu recurso extraordinário em que se discutia a aplicabilidade, ou não, da causa de diminuição de pena prevista no art. 33, § 4º, da Lei 11.343/2006 sobre condenações fixadas com base no art. 12, *caput*, da Lei 6.368/76, diploma normativo este vigente à época da prática do delito — v. Informativos 611 e 628. Além disso, assentou-se a manutenção da ordem de *habeas corpus,* concedida no STJ em favor do ora recorrido, que originara o recurso. Na espécie, o recorrente, Ministério Público Federal, alegava afronta ao art. 5º, XL, da CF ("*a lei penal não retroagirá, salvo para beneficiar o réu*"), ao argumento de que a combinação de regras mais benignas de 2 sistemas legislativos diversos formaria uma terceira lei. Aduziu-se que a expressão "lei" contida no princípio insculpido no mencionado inciso referir-se-ia à norma penal, considerada como dispositivo isolado inserido em determinado diploma de lei. No ponto, destacou-se que a discussão estaria na combinação de normas penais que se friccionassem no tempo. Afirmou-se, ademais, que a Constituição vedaria a mistura de normas penais que, ao dispor sobre o mesmo instituto legal, contrapusessem-se temporalmente. Nesse sentido, reputou-se que o fato de a Lei 11.343/2006 ter criado a figura do pequeno traficante, a merecer tratamento diferenciado — não contemplada na legislação anterior — não implicaria conflito de normas, tampouco mescla, visto que a minorante seria inédita, sem contraposição a qualquer regra pretérita. Por se tratar de pedido de *writ* na origem e em vista de todos

os atuais Ministros do STF terem votado, resolveu-se aplicar ao caso concreto o presente resultado por ser mais favorável ao paciente com fundamento no art. 146, parágrafo único, do RISTF ("*Parágrafo único. No julgamento de habeas corpus e de recursos de habeas corpus proclamar-se-á, na hipótese de empate, a decisão mais favorável ao paciente*"). Nesse tocante, advertiu-se que, apesar de a repercussão geral ter sido reconhecida, em decorrência da peculiaridade da situação, a temática constitucional em apreço não fora consolidada.

[45] *Comentários ao Código Penal*, 4ª ed., v. I, tomo I, p. 113. Rio de Janeiro: Forense, 1958.

[46] *O Sistema do Direito Penal*, pp. 43-44.

[47] STF: *HC* 98766.

[48] O Código Penal Militar Brasileiro (Decreto-Lei n. 1001, de 21 de outubro de 1969) disciplinou expressamente a questão, no sentido do texto, ao dispor, em seu artigo 2º, § 2º: "Para se reconhecer qual a mais favorável [das leis], a lei posterior e a anterior devem ser consideradas separadamente, cada qual no conjunto de suas normas aplicáveis ao fato".

[49] Frederico Marques, *Tratado de Direito Penal*, v. I, p. 266.

[50] *Tratado de Derecho Penal, Parte General*, v. I, p. 477

[51] *Direito Penal, Parte Geral*, p. 188.

[52] *Comentários ao Código Penal*, v. I, p. 128.

[53] Nelson Hungria, *Comentários ao Código Penal*, v. I, p. 147.

[54] A favor da entrega pode-se sustentar que a jurisdição do TPI não é *estranha*, mas, tendo o Brasil a ele aderido como Estado-parte, em verdade *integra* a jurisdição nacional, em caráter complementar. Mas, ainda que assim fosse, reitere-se, inviável seria a aplicabilidade da pena de caráter perpétuo, vedada por cláusula pétrea da Constituição Federal.

[55] *Tratado de Direito Penal*, v. I, p. 292.

[56] Idem, p. 297.

[57] A soberania sobre o mar territorial, que compreende a faixa de12(doze) milhas, está regulamentada pelos artigos 1º a 3º da Lei 8.617/93:
"Art. 1º - O mar territorial brasileiro compreende uma faixa de doze milhas marítimas de largura, medidas a partir da linha de baixa-mar do litoral continental e insular brasileiro, tal como indicada nas cartas náuticas de grande escala, reconhecidas oficialmente pelo Brasil. Parágrafo único. Nos locais em que a costa apresente recortes profundos e reentrâncias ou em que exista uma franja de ilhas ao longo da costa na sua proximidade imediata, será adotado o método das linhas de bases retas, ligando pontos apropriados, para o traçado da linha de base, a partir da qual será medida a extensão do mar territorial.
Art. 2º. - A soberania do Brasil estende-se ao mar territorial, ao espaço aéreo sobrejacente, bem como ao seu leito e subsolo.
Art. 3º. – É reconhecido aos navios de todas as nacionalidades o direito de passagem inocente no mar territorial brasileiro.
§ 1º. A passagem será considerada inocente desde que não seja prejudicial à paz, à boa ordem ou à segurança do Brasil, devendo ser contínua e rápida.
§ 2º. A passagem inocente poderá compreender o parar e o fundear, mas apenas na medida em que tais procedimentos constituam incidentes comuns de navegação ou sejam impostos por motivos de força maior ou por dificuldade grave, ou tenham por fim prestar auxílio a pessoas, a navios ou aeronaves em perigo ou em dificuldade grave.
§ 3º. Os navios estrangeiros no mar territorial brasileiro estarão sujeitos aos regulamentos estabelecidos pelo Governo brasileiro."
O mar territorial, cuja soberania encerra, inclusive, a aplicação da lei penal brasileira, não se confunde com a zona de exploração econômica exclusiva, que se estende por uma faixa de duzentas milhas, cuja regulamentação está afeta aos artigos 6º a 10 do mesmo diploma legal:
"Art. 6º. – A zona econômica exclusiva brasileira compreende uma faixa que se estende das

doze às duzentas milhas marítimas, contadas a partir das linhas de base que servem para medir a largura do mar territorial.
Art. 7º. - Na zona econômica exclusiva, o Brasil tem direitos de soberania para fins de exploração e aproveitamento, conservação e gestão dos recursos naturais, vivos ou não-vivos, das águas sobrejacentes ao leito do mar, do leito do mar e do subsolo, e no que se refere a outras atividades com vistas à exploração e ao aproveitamento da zona para fins econômicos.
Art. 8º. - Na zona econômica exclusiva, o Brasil, no exercício de sua jurisdição, tem o direito exclusivo de regulamentar a investigação científica marinha, a proteção e preservação do meio marinho, bem como a construção, operação e uso de todos os tipos de ilhas artificiais, instalações e estruturas.
Parágrafo único. A investigação científica marinha na zona econômica exclusiva só poderá ser conduzida por outros Estados com o consentimento prévio do Governo brasileiro, nos termos da legislação em vigor que regula a matéria.
Art. 9º. - A realização por outros Estados, na zona econômica exclusiva, de exercícios ou manobras militares, em particular as que impliquem o uso de armas ou explosivos, somente poderá ocorrer com o consentimento do Governo brasileiro.
Art. 10. - É reconhecido a todos os Estados o gozo, na zona econômica exclusiva, das liberdades de navegação e sobrevôo, bem como de outros usos do mar internacionalmente lícitos, relacionados com as referidas liberdades, tais como os ligados à operação de navios e aeronaves."

[58] Dispõe o art. 98 do Código Civil: "São públicos os bens do domínio nacional pertencentes às pessoas jurídicas de direito público interno; todos os outros são particulares, seja qual for a pessoa a que pertencerem".

[59] As funções essenciais de uma Missão diplomática, em rol não taxativo, estão discriminadas pelo art. 2º da Convenção de Viena: a) representar o Estado acreditante perante o Estado acreditado; b) proteger no Estado acreditado os interesses do Estado acreditante e de seus nacionais, dentro dos limites permitidos pelo Direito Internacional; c) negociar com o Governo do Estado acreditado; d) inteirar-se por todos os meios lícitos das condições existentes e da evolução dos acontecimentos no Estado acreditado e informar a esse respeito o Governo do Estado acreditante; e) promover relações amistosas e desenvolver as relações econômicas, culturais e científicas entre o Estado acreditante e o Estado acreditado.

[60] *Tratado de Direito Penal*, v. I, p. 303.

[61] *Direito Penal*, Tomo I, p. 234.

[62] As modalidades típicas do crime de genocídio encontram definição na Lei 2.889 de 01 de outubro de 1956:
"Art. 1º. - Quem, com a intenção de destruir, no todo ou em parte, grupo nacional, étnico, racial, religioso, como tal:
a) matar membros do grupo;
b) causar lesão grave à integridade física ou mental de membros do grupo;
c) submeter intencionalmente o grupo a condições de existência capazes de ocasionar-lhe a destruição física total ou parcial;
d) adotar medidas destinadas a impedir os nascimentos no seio do grupo;
e) efetuar a transferência forçada de crianças do grupo para outro grupo (...)
Art. 2º. - Associarem-se mais de 3(três) pessoas para prática dos crimes mencionados no artigo anterior (...)
Art. 3º. - Incitar, direta e publicamente, alguém a cometer qualquer dos crimes de que trata o art. 1º (...)"

[63] José Francisco Rezek, *Direito Internacional Público*, 2ª ed., p. 200.

[64] Nos termos do art. 54, § 4º, da Lei de Migração, "O prazo de vigência da medida de impedimento vinculada aos efeitos da expulsão será proporcional ao prazo total da pena

aplicada e nunca será superior ao dobro de seu tempo". A expulsão somente é cabível, nos termos do § 1º, do citado artigo, em hipóteses de condenação com trânsito em julgado por crime de genocídio, crime contra a humanidade, crime de guerra ou crime de agressão, nos termos definidos pelo Estatuto de Roma do Tribunal Penal Internacional, de 1998 ou crime comum doloso passível de pena privativa de liberdade, consideradas a gravidade e as possibilidades de ressocialização em território nacional. Nos termos do art. 55, incabível, contudo, se configurar extradição vedada pela legislação brasileira ou se o expulsando tiver filho brasileiro que esteja sob sua guarda ou dependência econômica ou socioafetiva ou tiver pessoa brasileira sob sua tutela; tiver cônjuge ou companheiro residente no Brasil, sem discriminação alguma, reconhecido judicial ou legalmente; tiver ingressado no Brasil até os 12 (doze) anos de idade, residindo desde então no País ou for pessoa com mais de 70 (setenta) anos que resida no País há mais de 10 (dez) anos, considerados a gravidade e o fundamento da expulsão. A respeito da questão, o Supremo Tribunal Federal, no julgamento do tema 373 da repercussão geral, negou provimento ao recurso extraordinário e fixou a seguinte tese: "O § 1º do artigo 75 da Lei nº 6.815/1980 [Estatuto do Estrangeiro, revogado pela Lei da Migração] não foi recepcionado pela Constituição Federal de 1988, sendo vedada a expulsão de estrangeiro cujo filho brasileiro foi reconhecido ou adotado posteriormente ao fato ensejador do ato expulsório, uma vez comprovado estar a criança sob a guarda do estrangeiro e deste depender economicamente" (RE 608.898, Rel. Min. Marco Aurélio, j. 25.6.2020).

[65] *Derecho Penal, Parte General*, p. 181.

[66] Paulo José da Costa Jr., *Comentários ao Código Penal*, v. I, p. 23.

[67] Eduardo Espínola Filho, *Código de Processo Penal Brasileiro Anotado*, v. IX, p. 66.

[68] Ob.cit., p. 66.

[69] *Comentários ao Código Penal*, v. I, p. 201.

[70] Estabelece o art. 798, §§ 1º e 3º, do Código de Processo Penal, que não se inclui no prazo o dia do começo, computando-se o do vencimento, que será prorrogado até o dia útil imediato, caso termine em domingo ou feriado. Os prazos processuais e penais são perfeitamente conciliáveis, pois enquanto os primeiros visam facilitar o exercício da ampla defesa, os segundos objetivam dispensar ao réu o tratamento mais benéfico da lei penal.

[71] Hans Welzel, *Derecho Penal Aleman*, p. 37.

[72] Claus Roxin, *Derecho Penal, Parte General*, tomo I, p. 48.

[73] O Projeto de lei 3.473/2000, elaborado a partir dos estudos da Comissão instaurada para a formulação de proposta tendente à reforma da Parte Geral do Código Penal, presidida pelo Prof. Miguel Reale Júnior, previu a alteração do art. 12, do Código Penal, que passaria a ostentar a seguinte redação: "Art. 12. As regras gerais deste Código aplicam-se aos fatos incriminados por lei especial", sem a exceção, portanto, constante do dispositivo atualmente vigente: "se esta – a lei especial - não dispuser de modo diverso". Criou-se, na oportunidade, grande polêmica sobre a proposta, na medida em que conferiria a uma lei ordinária – Código Penal – uma indevida superioridade hierárquica em relação a outras normas penais que se sujeitaram ao mesmo processo legislativo para a sua promulgação. Pensamos, contudo, que a polêmica instaurada não encerra, na realidade, um problema político-criminal concreto, pois a prevalência das regras especiais sobre as gerais é uma exigência não apenas de um princípio geral de hermenêutica, como também da lógica jurídica e do sentido harmônico que deve imperar no sistema normativo, de forma que desnecessária se torna a menção expressa da lei à prioridade de aplicação do preceito especial em relação ao geral. Vale consignar que a experiência do direito brasileiro demonstra que a alteração proposta, ao contrário do que creem seus apressados críticos, não acarretaria a revogação do "princípio da especialidade no direito penal". De fato, a Lei de Introdução ao Código Civil de 1942, que sucedeu a de 1916 – hoje Lei de Introdução às Normas do Direito Brasileiro -, não repetiu o art. 6º da lei anterior – que previa, de forma expressa, a prioridade da lei especial e a sua aplicação restritiva. Nem por isso, no entanto, cogitou-se em alguma oportunidade da revogação do princípio da especialidade no direito civil – ou em

qualquer outro campo do direito, pois a LICC aplicava-se a todos os ramos do ordenamento - ou se pretendeu, por exemplo, a revogação de lei anterior, especial, por norma geral posterior. Assim, cremos que as breves considerações que acima formulamos a respeito da função da Parte Geral e de seus limites permanecerão íntegros, ainda que se logre alterar a atual redação do art. 12, do Código Penal.

SOBRE O AUTOR

Antonio Carlos Santoro Filho

Antonio Carlos Santoro Filho é autor dos livros:

Busca e Apreensão no Processo Penal - exclusividade da Amazon, nas versões digital e impressa, 1ª edição (Verlu Editora, 2020).

Princípios Constitucionais do Direito Penal - exclusividade da Amazon, nas versões digital e impressa, 1ª edição (Verlu Editora, 2020)

Introdução Crítica ao Direito Criminal – exclusividade da Amazon, nas versões digital e impressa, 1ª edição (Verlu Editora, 2019)

Planos de Saúde nos Tribunais – exclusividade da Amazon, nas versões digital e impressa, 2ª edição revista, atualizada e ampliada (Verlu Editora, 2019)

O Visitante – exclusividade da Amazon, nas versões digital e impressa, 2ª edição, revista e atualizada, (Verlu Editora, 2019)

O Sentido de Ser Pessoa – exclusividade da Amazon, nas versões digital e impressa, 2ª edição, revista e atualizada (Verlu Editora, 2019)

Teoria do Crime - exclusividade da Amazon, nas versões digital e impressa, 1ª edição (Verlu Editora, 2019)

Tipicidade e Imputação Objetiva no Direito Penal Brasileiro - livro digital (Verlu Editora, 2016);

Princípios Elementares de Direito Criminal - livro digital (Verlu Editora, 2016);

Estudos de Processo Penal - livro digital (Verlu Editora, 2015)

O Visitante - livro digital (Verlu Editora, 2014);

Planos de Saúde nos Tribunais - livro digital (Verlu Editora, 2014);

Direito e Saúde Mental - livro digital (Verlu Editora, 2014);

O Sentido de Ser Pessoa - livro digital (Verlu Editora, 2013);

Direito e Saúde Mental - livro impresso (Verlu Editora, 2012);

O Sentido de Ser Pessoa - livro impresso (Verlu Editora, 2011);

Medidas Cautelares no Processo Penal - livro impresso (Letras Jurídicas, 2011);

Teoria da Imputação Objetiva-livro impresso (Malheiro, 2007);

Fundamentos de Direito Penal-livro impresso (Malheiros, 2003);

Teoria do Tipo Penal- livro impresso (LED, 2001);

Bases Críticas do Direito Criminal- livro impresso (LED, 2000)

Santoro também é autor de muitos artigos jurídicos e filosóficos.

Antonio Carlos Santoro Filho é graduado em Direito pela Universidade de São Paulo com especialização em Direito Penal e Criminologia.

Pós-Graduado em Direito Penal pela Escola Paulista da Magistratura.

Juiz de Direito no Estado de São Paulo desde 1995.

Integrou a comissão editorial dos Cadernos Jurídicos da Escola Paulista da Magistratura de 2005 a 2014.

LIVROS DESTE AUTOR

O Sentido De Ser Pessoa

Qual o sentido de ser pessoa?

Sob um olhar transdisciplinar, o autor, Antonio Carlos Santoro Filho, experiente profissional da área jurídica, com inúmeros trabalhos publicados, procura lançar algumas ideias para debate, a partir dos atributos da vida humana:

- vontade de ação

- liberdade

- dignidade

- responsabilidade

Esta obra inspirada nas correntes fenomenológicas e existencialistas do Direito, da Filosofia e da Psicologia, constitui verdadeiro libelo em defesa da liberdade humana como um valor a ser tutelado, realidade indispensável à concretização do indivíduo como ser corporal/espiritual.

Trata-se de trabalho que ultrapassa os estritos limites de qualquer disciplina e que representa proveitosa, instigante e acessível leitura a todos aqueles que de alguma forma lidam com a questão humana - juristas, sociólogos, psicólogos, psiquiatras, estudantes e criminólogos - ou simplesmente se interessam pelo tema.

Direito E Saúde Mental

DIREITO E SAÚDE MENTAL
à luz da Lei 10.216 de 06 de abril de 2001, de acordo com o Novo Código de Processo Civil (Lei n. 13.015 de 16 de março de 2015) e com o Estatuto da Pessoa com Deficiência (Lei n. 13.146 de 06 de julho de 2015)
2ª edição revista, atualizada e ampliada em junho de 2019.
A questão da saúde mental é de alta complexidade, pois envolve aspectos médicos, psicológicos, políticos, sociológicos, filosóficos, éticos e jurídicos.

Este livro, a partir de um estudo sistemático, visa possibilitar a compreensão e solução dos problemas jurídicos relativos à saúde mental e analisa, de forma objetiva, os seguintes temas: evolução histórica da legislação; direitos da pessoa portadora de transtorno mental; espécies, requisitos e finalidade das internações; institucionalização; CAPS, Residências Terapêuticas e auxílio-reabilitação psicossocial; imputabilidade penal e medidas de segurança; curatela e interdição; psiquiatria e planos de saúde; benefício de prestação continuada.

Trata-se, portanto, de obra que, no campo do Direito, assume um inovador caráter transdisciplinar, indispensável por isso não apenas a seus operadores, mas a todos aqueles que estão envolvidos com o problema dos transtornos mentais (médicos, psicólogos, enfermeiros, cuidadores, usuários do sistema e seus familiares).

Busca E Apreensão No Processo Penal

Neste pequeno trabalho lançamos algumas reflexões, à luz da jurisprudência especialmente dos Tribunais Superiores, sobre as principais questões controvertidas relativas à busca e apreensão no processo penal.

Iniciamos, portanto, com noções a respeito da tutela cautelar, para, logo após, tratar da busca domiciliar.

Prosseguimos com comentários às buscas pessoais – inclusive de caráter administrativo ou preventivo, sem o objetivo de produção de provas - e Comissões Parlamentares de Inquérito.

Ao final, tecemos algumas considerações a respeito dos aspectos penais que podem envolver as diligências de busca e apreensão – violação de domicílio e abuso de autoridade, conforme Lei n. 13.869, de 05 de setembro de 2019.

Estamos à disposição para questionamentos ou dúvidas: santoro-@direitoefilosofia.com

O autor.

Planos De Saúde Nos Tribunais

Este pequeno trabalho não tem pretensões doutrinárias ou de elaboração teórica; ao contrário, trata-se de breve estudo, de conteúdo eminentemente prático, destinado a compilar o entendimento jurisprudencial dominante – especialmente no Tribunal de Justiça do Estado de São Paulo – sobre os temas mais atuais relativos aos planos de saúde, de forma a proporcionar facilidade de entendimento, acesso e utilização não apenas aos operadores do Direito, mas a todos – especialmente os usuários - aqueles que têm algum interesse pela matéria.

Em razão desta finalidade prática, evitamos o aprofundamento dos comentários aos temas e a remissão a obras doutrinárias, tendo preferido, sempre que possível, a transcrição de julgados, que a nosso ver são autoexplicativos.
As questões estão elencadas em ordem alfabética, o que facilita a pesquisa por palavra-chave.

Ao final dos temas compilamos as súmulas do STJ e dos Tribunais de Justiça dos Estados de São Paulo e Rio de Janeiro sobre planos de saúde e disponibilizamos, na íntegra, a Lei n. 9.656 de 03 de junho de 1998, com todas as suas alterações.

Para dúvidas, debates, sugestões e críticas, fica disponível o contato do autor: santoro@direitoefilosofia.com

Princípios Constitucionais Do Direito Penal

Os princípios encontram-se para a legislação penal e seus institutos como as fundações para a edificação: conformam e sustentam o que sobre eles é erigido, de modo que a retirada de qualquer dos alicerces ou a efetivação da obra fora dos padrões estabelecidos implicará o comprometimento de toda a construção.

No Estado democrático de Direito, instituído por nossa Constituição Federal, os princípios penais fundamentais, além da função sistematizadora do direito criminal, têm também, como finalidades essenciais, a garantia do ser humano contra a ingerência demasiada do Estado nas relações sociais, por meio do direito penal, e a limitação à exacerbação do poder punitivo.
Restringimos, por isso, como objeto deste pequeno trabalho – e à luz da jurisprudência do Supremo Tribunal Federal -, os princípios que reputamos primários – e por isso dizemos elementares - no sistema de direito penal e que possuem essas características. São eles: (a) legalidade; (b) lesividade; (c) culpabilidade; (d) dignidade humana; (e) pessoalidade e (f) individualização da pena.

Introdução Crítica Ao Direito Criminal

Este trabalho tem por finalidade principal apresentar, de forma sintética e objetiva, porém não demasiadamente superficial, as bases epistemológicas do direito criminal, para propiciar, àqueles que se iniciam em seu estudo, noções introdutórias que possibilitem, posteriormente, o aprendizado crítico dos institutos desta disciplina.

Trata-se, portanto, de uma proposta de propedêutica de direito penal, dirigida especialmente aos que tomarão o primeiro contato com a matéria.

Estamos à disposição para sugestões e críticas, que poderão ser encaminhadas à nossa página no Facebook:

https://www.facebook.com/SantoronaComunidadeVerluEditora/

O Visitante

Jack vivia mais uma noite cercado por dúvidas, quando recebeu um inesperado visitante, disposto a lhe oferecer respostas.

No diálogo surpreendente, foram tratadas as seguintes questões: a existência e natureza de Deus, finitude ou eternidade do ser, a existência de outros mundos com seres conscientes e a essência do tempo.

Fantasia ou realidade, este pequeno livro traz discussões sobre temas centrais da humanidade, que certamente aguçarão a curiosidade e levarão o leitor a várias reflexões.

A Editora

Página do livro no Facebook:

https://www.facebook.com/ovisitante/

Teoria Do Crime

Este livro representa o fechamento de um ciclo e o capítulo derradeiro de um trabalho que vem sendo construído há mais de vinte anos. Em sua obra Teoria do Tipo Penal (Editora LED, 2000), sustentou o autor que o tipo é um gênero dualista, que abarca duas espécies de polaridades opostas: tipos de injusto e tipos de justo. De acordo com este esquema, o tipo-de-ilícito é um molde, que, aplicado ao tecido da ilicitude, a recorta e define, de forma que todos os comportamentos típicos serão sempre ilícitos; a tipicidade é a maneira pela qual a ilicitude se manifesta na área penal. Os tipos de justo, por sua vez, embora previstos pelo direito penal, não servem apenas a este, pois o valor positivo que se lhes agrega é reconhecido por todos os ramos do Direito. No ano de 2003 o autor publicou a obra Fundamentos de Direito Penal (Malheiros Editores), que, em sua segunda parte, esboça uma teoria do delito. Em vista do caráter de "manual" do trabalho, no entanto, algumas questões, notadamente no que toca à imputação objetiva e culpabilidade, foram apenas tangenciadas e seu desenvolvimento relegado para uma oportunidade posterior. No ano de 2007, com a publicação de Teoria da Imputação Objetiva – apontamentos críticos à luz do direito positivo brasileiro (Malheiros Editores) foi parcialmente superada aquela carência para concluir que, diante de nosso sistema normativo, não há a necessidade de importação de novos postulados para um adequado juízo de imputação típica. Em relação à imputação subjetiva e culpabilidade desenvolveu o autor novos estudos para concluir que vontade, liberdade e culpa constituem os pilares fundamentais sobre os quais se sustenta a imputação – responsabilização – subjetiva do crime no Estado democrático de Direito, e que são imprescindíveis à garantia da dignidade da pessoa humana – respeitabilidade mínima -, de uma sociedade pluralista e ao exercício da cidadania.Estes três alicerces estruturais, cujos conceitos, no direito penal, sintetizam a condição de pessoa, informam-se reciprocamente, são interdependentes e se inter-relacionam. Quanto à culpabilidade, entendida como juízo de censura que recai sobre o comportamento em razão da quebra de expectativa de observância da norma, adotou-se como seu fundamento o atuar livre, a opção do sujeito pelo comportamento injusto. Somente com o reconhecimento da pessoa humana como ser livre – e, por isso, responsável por seus atos -, que é possível a tutela da liberdade como valor fundamental do Estado democrático de Direito. Este livro, portanto, embora seja o resultado da reunião dos trabalhos anteriores do autor – alguns inéditos -, não se confunde com a mera soma das partes, pois organizado no sentido de formatação de um sistema apto à obtenção de soluções coerentes e harmônicas no campo da teoria do crime. A Editora

www.ingramcontent.com/pod-product-compliance
Lightning Source LLC
Chambersburg PA
CBHW020436220526
45464CB00002B/734